Harri Ilves

GRILLEN
... geht immer

Bassermann

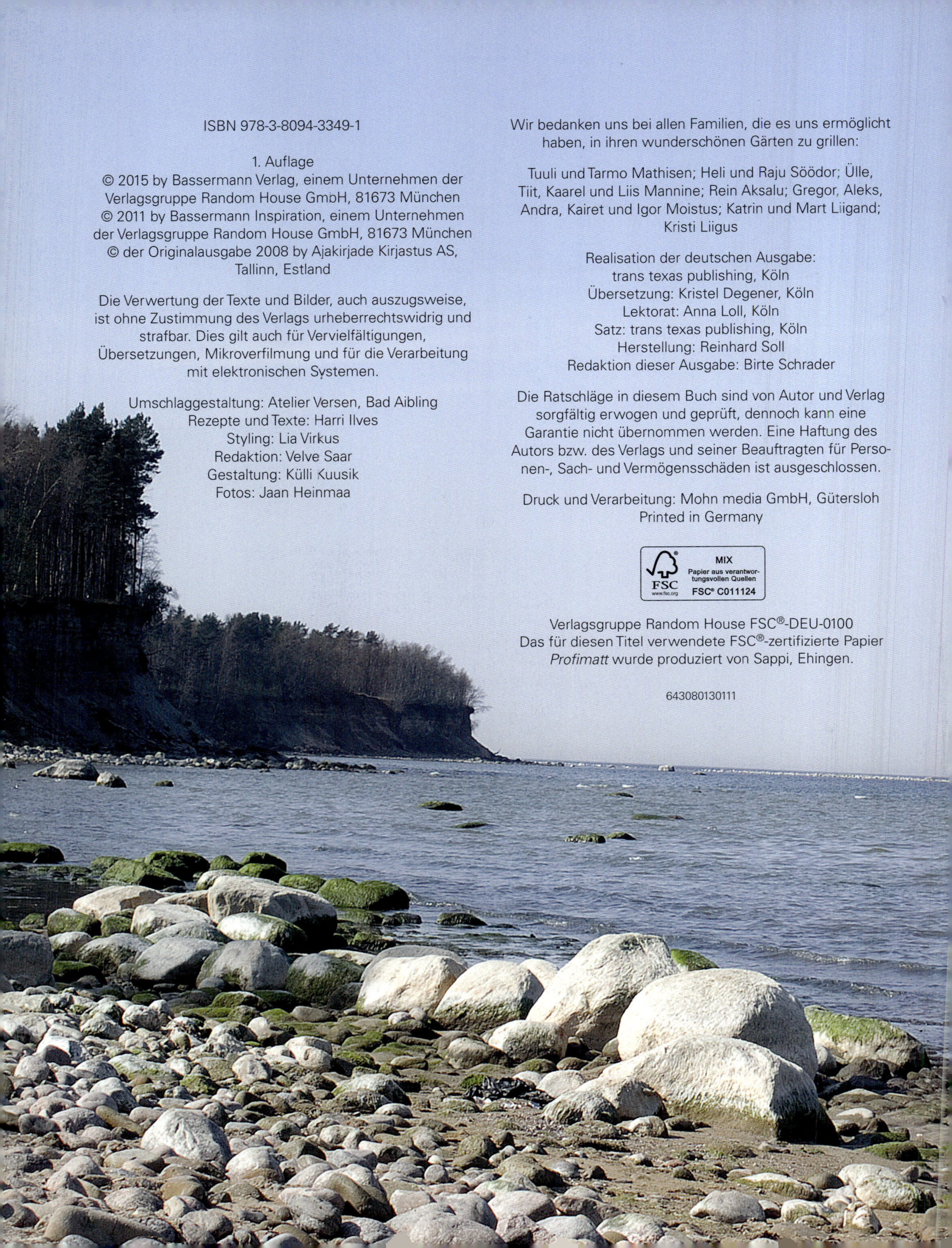

ISBN 978-3-8094-3349-1

1. Auflage

Umschlaggestaltung: Atelier Versen, Bad Aibling
Rezepte und Texte: Harri Ilves
Styling: Lia Virkus
Redaktion: Velve Saar
Gestaltung: Külli Kuusik
Fotos: Jaan Heinmaa

Wir bedanken uns bei allen Familien, die es uns ermöglicht haben, in ihren wunderschönen Gärten zu grillen:

Tuuli und Tarmo Mathisen; Heli und Raju Söödor; Ülle, Tiit, Kaarel und Liis Mannine; Rein Aksalu; Gregor, Aleks, Andra, Kairet und Igor Moistus; Katrin und Mart Liigand; Kristi Liigus

Realisation der deutschen Ausgabe:
trans texas publishing, Köln
Übersetzung: Kristel Degener, Köln
Lektorat: Anna Loll, Köln
Satz: trans texas publishing, Köln
Herstellung: Reinhard Soll
Redaktion dieser Ausgabe: Birte Schrader

Druck und Verarbeitung: Mohn media GmbH, Gütersloh
Printed in Germany

MIX
Papier aus verantwortungsvollen Quellen
FSC® C011124
www.fsc.org

Verlagsgruppe Random House FSC®-DEU-0100
Das für diesen Titel verwendete FSC®-zertifizierte Papier *Profimatt* wurde produziert von Sappi, Ehingen.

643080130111

In jedem von uns steckt ein Koch. Die Faszination des Kochens liegt in dem Versuch, neue Geschmacksnoten und ungewöhnliche Zusammensetzungen auszuprobieren, denn wir alle haben das Bedürfnis nach Abwechslung und Überraschung. Die besten Speisen gelingen immer dann, wenn Sie beim Würzen das gewisse „Extra" hinzufügen, und damit etwas ganz besonderes kreieren. Scheuen Sie sich nicht, Neues auszuprobieren, besonders gut kann Ihnen das beim Grillen gelingen.

Harri Ilves

Inhalt

Tipps zum Grillen

- Sie brauchen einen sauberen Grill und Grillbesteck.
- Legen Sie alle Utensilien vorher bereit, dann müssen Sie während des Grillens nichts suchen und den Grillplatz nicht verlassen.
- Wenn Sie mit Holz grillen, benutzen Sie stets abgelagertes Holz von Laubbäumen.
- Verteilen Sie die Grillkohle auf dem Boden des Grills. Benutzen Sie geruchsarme Grillanzünder oder Grilltabs.
- Wenn Sie Flüssiganzünder benutzen, muss dieser vor Grillbeginn vollständig verbrannt sein. Auf keinen Fall darf davon etwas während des Grillens hinzugefügt werden. Mit Rücksicht auf Nachbarn sollten Sie ganz auf Flüssiganzünder verzichten.
- Warten Sie ab, bis über der Grillkohle eine graue Ascheschicht entsteht. Um zu wissen, ob der Grill die nötige Hitze hat, halten Sie Ihre Handfläche kurz über den Grillrost. Schaffen Sie es, die Handfläche nur zwei Sekunden über den Grillrost zu halten, ist der Grill zu heiß. Die richtige Temperatur ist erreicht, wenn Sie die Hand drei Sekunden über den Grillrost halten können. Bei vier Sekunden ist der Grill mittelheiß und bei fünf Sekunden ist der Grill noch nicht ausreichend heiß.
- Sparen Sie nicht mit Grillkohle! Sorgen Sie dafür, dass während des gesamten Grillens genügend glühende Grillkohle im Grill ist. Verteilen Sie die Kohlenstücke gleichmäßig, damit sie von allen Seiten genügend Sauerstoff erhalten.
- Teilen Sie den Grillbereich in zwei Teile – in den heißeren und den kühleren Teil. So können Speisen mit unterschiedlichem Hitzebedarf gleichzeitig gegrillt werden.
- Sie können die Hitze und die vom Fett entstandene Flamme regulieren, indem Sie den Deckel auf den Grill halten oder die Grillkohle mit Wasser, Bier oder Wein besprenkeln.
- Sie können dem Grillgut zusätzliches Aroma verleihen, indem Sie Kräuter (Rosmarin, Thymian usw.) auf die Grillkohle streuen oder Holzspäne (Erle, Kirsche, Apfel, Wacholder) dazulegen. Damit die Kräuter oder Späne nicht so schnell verbrennen, sollten sie vorher gewässert werden. Durch das Ausdunsten der Flüssigkeit erhält Fleisch oder Gemüse zusätzliche Feuchtigkeit und Raucharoma.
- Lassen Sie den brennenden Grill nie ohne Aufsicht!
- Beachten Sie andere Bedingungen wie Außentemperatur, Luftfeuchtigkeit, Windrichtung sowie anfängliche Fleischtemperatur. Alle diese Faktoren beeinflussen die Garzeit.
- Grillen Sie nicht zu lange! Fleisch, das zu lange auf dem Grill lag und davon trocken und zäh geworden ist, kann nicht wieder saftig und zart werden.
- Zum Wenden des Fleisches benutzen Sie stets eine Grillzange. Durch den Gebrauch einer Grillgabel fließt der Fleischsaft hinaus und das Fleisch wird trocken und zäh.
- Grillen ist ein kontinuierlicher Prozess. Unterbrechen Sie ihn nicht, denn ein erneutes Grillen des abgekühlten Fleisches bringt kein wünschenswertes Ergebnis mehr.
- Vertrauen Sie auf Ihre innere Stimme beim Grillen – dieses Gespür entwickelt sich mit der Erfahrung.
- Servieren Sie das fertige Essen direkt vom Grill, denn es kühlt schnell ab.
- Seien Sie gelassen! Die gemeinsame Zubereitung und das anschließende gemeinsame Essen stärken das Gemeinschaftsgefühl. Vergessen Sie allzu strenge Tischsitten und das strikte Einhalten der Menüreihenfolge. Je ungezwungener das Grillen ist, desto schöner sind die Erinnerungen.

Was können Sie grillen?

Zum Grillen eignen sich am besten kleine Fleischstücke (etwa auf Spießen) und mariniertes Fleisch in Scheiben. Viele Metzgereien und Supermärkte bieten Grillfleisch an.

Schweinefleisch: Nackenkotelett, Filet, Rückensteak, Bauchfleisch, Speck, Rippchen, Nussschinken

Rindfleisch: nicht zu magere Steaks (Rumpsteak, T-Bone-Steak), Hochrippe, Roastbeef

Kalbfleisch: Schnitzel, Kotelett, Keule, Rippchen

Lammfleisch: Beinscheiben, Brustfleisch, Rücken

Geflügel: Hähnchenflügel, -schenkel, -brustfilet, Putenschenkel, -brustfilet, Wachtel, Stubenküken, Entenbrust

Fisch: Arten mit festem Fleisch können ganz auf den Rost (Makrele, Thunfisch, Lachs, Aal etc.). In Folie oder in einer Schale schmecken Forelle, Barsch und viele andere. Auch sehr gut geeignet: Garnelen und Krebse

Würste: Grillwurst, frische Bratwurst, Siedewürstchen in Naturdarm

Gemüse und Obst: fast alle Gemüsearten, außer Kohl, Bohnen, Erbsen und Blattsalate

Pilze: Champignons, Steinpilze, Pfifferlinge, Austernpilze

Würzen und Marinieren von Fleisch

Das Fleisch kann vor dem Grillen, während des Grillens oder nach dem Grillen gewürzt werden.

Die Marinade verändert das Fleisch in zweifacher Weise – zum einen verleiht sie dem Fleisch Geschmack und zum anderen macht sie es schön zart.

Das Öl und die Gewürze machen das Fleisch saftiger und schmackhafter, säurehaltige Zutaten wie Zitronensaft, Wein und Weinessig machen das Fleisch besonders zart.

Mit dem Öl können frische Kräuter, abgeriebene Zitronenschale, gehackter Knoblauch, Salz, Pfeffer oder andere Gewürze vermischt werden. Diese Mischung kann auf Fleisch, Geflügel oder Fisch gegeben werden.

Marinaden bestehen meistens aus Öl, einer säurehaltigen Zutat, Kräutern und Gewürzen.

Je zarter und magerer das Fleisch ist, desto kräftiger sollte die Marinade sein.

Bei durchwachsenen Fleischstücken bleibt die Maserung enthalten, wenn das Fleisch in Wein oder Weinessig mariniert wird.

Bevor Sie das Fleisch mit einer trockenen Gewürzmischung einreiben, sollten Sie es mit Öl einpinseln. Damit vermeiden Sie, dass das gegarte Fleisch zu trocken wird.

Mit trockenen Gewürzmischungen gewürztes Fleisch kann sofort zubereitet werden oder es kann über Nacht im Kühlschrank durchziehen.

Ein sehr zartes Filet kann auch lediglich mit ein wenig Salz und Pfeffer – entweder während des Grillens oder danach – gewürzt werden.

Und los geht's!

Lassen Sie das Fleisch oder den Fisch vor dem Grillen eine Stunde lang Zimmertemperatur annehmen. So ist der Temperaturschock geringer und das Fleisch bräunt schön auf dem Grill.

Tupfen Sie die Marinade etwas ab, sonst wird das Fleisch nicht richtig braun oder die Marinade tropft auf die Kohlen und verbrennt dort.

Wischen Sie grobe Kräuterstückchen vom Fleisch ab, denn beim Grillen können sie verbrennen und dem Fleisch so einen bitteren Geschmack verleihen.

Umwickeln Sie hervorstehende Knochen mit Alufolie, damit sie nicht verbrennen.

Das Grillgut sollte in gleich große und gleich dicke Stücke oder Scheiben geschnitten werden.

Grillspieße aus Bambus oder Holz, die vor dem Grillen in Wasser eingelegt waren, fangen kein Feuer. Grillspieße aus Metall sollten vor dem Grillen mit Öl oder Knoblauch eingerieben werden, damit das gegrillte Fleisch sich mühelos herunterschieben lässt.

Stecken Sie auf einen Spieß gleich große Fleischstücke, da diese dieselbe Garzeit haben.

Wenn für einen bunten Spieß abwechselnd Fleisch- und Gemüsestücke verwendet werden, müssen die Gemüsestücke größer sein, da sie schneller gar sind.

In Alufolie eingewickelte Zutaten können bereits zu Beginn in der brennenden Flamme oder später zwischen den Kohlen gegrillt werden.

Grillen Sie Fleisch auf einem sauberen, mit Öl eingeriebenen heißen Rost.

Grillen Sie dünnes Fleisch näher an der Hitze und dickeres Fleisch weiter weg von der Glut.

Wenden Sie das Fleisch mit einer Grillzange oder einem Pfannenheber. Während des Grillens darf das Fleisch nicht eingestochen werden, da es sonst trocken wird.

Ein ganzer Fisch lässt sich am besten mit einem speziellen Wendegrillrost über der Glut garen.

Rohwürste können vor dem Grillen 3–5 Minuten gekocht werden. Während des Grillens können sie mit Kräuteröl bestrichen werden.

Wann ist das Fleisch gar?

Das Fleisch ist gar, wenn die austretendende Flüssigkeit klar (nicht mehr blutig) ist.

Ein ganzer Fisch ist gar, wenn die Flossen leicht abgezogen werden können.

Schaschlik ist gar, wenn ein Stück aus der Mitte des Spießes leicht abgelöst werden kann.

Lassen Sie das Fleisch nach dem Grillen maximal 5–10 Minuten abgedeckt ruhen, damit die Fleischsäfte nicht herauslaufen. Das Grillgut sollte nicht abkühlen.

Grilldauer

Bei den Garzeiten, die in der Tabelle oder in den Rezepten angegeben sind, handelt es sich lediglich um Richtwerte. Die Garzeit hängt von Zubereitung, Größe und Beschaffenheit des Fleisches ab. Berücksichtigen Sie auch Bedingungen wie Lufttemperatur, Feuchtigkeit, Windrichtung oder anfängliche Fleischtemperatur.

Schweinefleisch		
Filet	2 cm	2–4 Minuten je Seite
Schnitzel	1,5 cm	5–7 Minuten je Seite
Nackenkotelett	1,5 cm	6–9 Minuten je Seite
Bauch	1 cm	6–9 Minuten je Seite
Rippchen	1 cm	10 Minuten je Seite
Schaschlik		bis 20 Minuten
Rindfleisch		
Filet	2 cm	2–3 Minuten je Seite
Hüft-, Rückensteak	2 cm	3–5 Minuten je Seite
Entrecôte	2 cm	4–6 Minuten je Seite
Kalbfleisch		
Schaschlik		bis 15 Minuten
Rippchen		5–6 Minuten je Seite
Lammfleisch		
Filet		1–2 Minuten je Seite
Karree	1,5 cm	2–3 Minuten je Seite
Sattel	1,5 cm	3–4 Minuten je Seite
Kotelett	1,5 cm	4–5 Minuten je Seite
Schaschlik		bis 20 Minuten
Rippchen		4–5 Minuten je Seite
Geflügel		
Hähnchenkeule		bis 25 Minuten
Hähnchenschenkel		bis 20 Minuten
Hähnchenflügel		bis 15 Minuten
Hähnchenfilet		3–4 Minuten je Seite
Hähnchenschaschlik		bis 15 Minuten
Putenfilet		4–5 Minuten je Seite
Putenschenkel		3–4 Minuten je Seite
Putenhalbkeule		bis 25 Minuten
Putenhalbflügel		bis 20 Minuten
Putenschaschlik		bis 15 Minuten
Fisch		
ganze Forelle		bis 30 Minuten in Alufolie
Lachs- oder Forellenfilet		12–15 Minuten in Alufolie
Renke/Felchen		bis 10 Minuten in Alufolie
Aal		bis 20 Minuten auf Spieß
Fischspieß		10–13 Minuten
Grillwürste		
Rohwurst (im Saitling)		5–10 Minuten
Rohwurst (Schweinedarm)		10–15 Minuten
Krakauer		10–15 Minuten
Hackfleischprodukte		
Spieß nach Kebap-Art		bis 10 Minuten
Frikadellen/Buletten		bis 8 Minuten je Seite
Hackfleischbällchen		3–5 Minuten je Seite

Barbecue-Smoker

Im *Barbecue-Smoker* wird Fleisch bei niedrigen Temperaturen sehr lange in heißer, rauchiger und feuchter Luft gegart. Das Fleisch nimmt einen leicht rauchigen Geschmack an und es ist schön saftig.

In einem Smoker können große Fleischstücke, ganze Fische oder Gemüse (und sogar Pizza) zubereitet werden. Die Hitze wird durch eine Flamme in einer seitlichen Feuerbox erzeugt, zum Verbrennen ist das Holz von Laubbäumen, wie Buche, Eiche oder Birke geeignet. Einen besonders aromatischen Geschmack verleihen Fruchthölzer. Man kann jedoch auch Holzkohle verwenden und gegen Ende aromatische Holzspäne (im Handel „Smoking Chips") hinzufügen.

Gewöhnlich wird Smoker-Fleisch vor dem Grillen nicht gewürzt.

Bevor man das Fleisch in den Smoker legt, muss dieser vorgeheizt sein. Bei der Zubereitung sollte eine Temperatur von 100 °C nicht überschritten werden.

Ein 1 kg schweres Fleischstück sollte etwa eine Stunde Rauch ziehen. Danach kann das Fleisch gewürzt werden, indem es alle 20–30 Minuten mit einer Sauce bestrichen wird. Diese Sauce verleiht dem Fleisch Geschmack und vermeidet das Austrocknen. Sie muss heiß sein, denn eine kalte Sauce würde das Fleisch abkühlen.

Die Garzeit hängt davon ab, wann die erforderliche Innentemperatur des Fleischstückes erreicht ist. Diese kann mit einem Fleischthermometer, überprüft werden.

Innentemperaturen:

- Schweine- und Geflügelfleisch 71 °C, Schweinefilet 67 °C
- Rindfleisch: durch 71 °C, englisch/rosa 60–65 °C, roh 50–55 °C

Vor dem Servieren kann das Fleisch mit der Sauce bestrichen werden. Diese kann auch zum Fleisch und zu den Beilagen serviert werden.

Bevor Sie das Fleisch anschneiden, sollten Sie es mit Alufolie abgedeckt etwa 15 Minuten ruhen lassen, damit sich der Fleischsaft verteilen kann und beim Anschneiden nicht zu viel ausläuft.

Fürs Rauchgrillen braucht man Zeit. Das beste und saftigste Ergebnis erzielen Sie, wenn Sie geduldig abwarten, bis das Fleisch gar ist. Je nach Größe des Fleischstücks kann die Garzeit 3–10 Stunden dauern.

Den Smoker können Sie auch für kleine Fleischstücke benutzen. In diesem Fall muss die Innentemperatur des Smokers höher sein (150–180 °C). Der Smoker hat den Vorteil, dass er bei jedem Wetter eingesetzt werden kann und dass das Fleisch nicht anbrennt.

Marinaden, Gewürzmischungen, Würzöle und Glasuren

Marinaden machen das Fleisch zart und verleihen ihm unterschiedliche Geschmacksnuancen. Die Marinaden bestehen meist aus Öl, Gewürzen, Zitrusfrüchten (Schale und Saft), Joghurt, Wein und/oder Essig.

Beim Marinieren müssen die Eigenschaften des Fleisches berücksichtigt werden. Je weicher und heller das Fleisch ist, desto höher muss der Ölanteil der Marinade sein. Die Saftigkeit von durchwachsenem Schweinefleisch oder marmoriertem Rindfleisch bleibt trotz säurehaltiger Marinade erhalten.

Welche Zutaten passen zusammen?

- Sojasauce passt zu Ingwer, Sesamöl, Lauch und Knoblauch. Die typischen asiatischen Hähnchen- und Fischmarinaden beinhalten Soja- und Fischsaucen, Reisweinessig, Knoblauch, Chili, Ingwer, Nussöl, Lauch und Korianderblätter.
- Weiß- und Rotwein werden mit Olivenöl, zerdrücktem Knoblauch, Zwiebeln, Schalotten und mit frischen Kräutern (Rosmarin, Thymian, Lorbeer) vermischt.
- Rotweinmarinaden eignen sich gut für Rindfleisch, Lammfleisch, Wild und Geflügel.
- Weißweinmarinade eignet sich für Schwein, Hähnchen und Pute sowie für Fisch.
- Schärfe kann der Marinade durch frische oder getrocknete Chilis, weißen Pfeffer, Paprikapulver, Cayennepfeffer oder Tabasco verliehen werden.
- Süßer Geschmack entsteht durch Honig, Sirup, Rohr- oder raffinierten Zucker. Vorsicht, süße Marinaden können leicht verbrennen!
- Knoblauch verleiht allen süßen Marinaden einen besonderen Geschmack.
- Abgeriebene Schale von Zitrusfrüchten eignet sich sehr gut für Marinaden.
- Weißweinmarinaden vertragen sehr gut etwas Senf.
- Naturjoghurt kann gut mit Kümmel, Kurkuma, Curry, Cayennepfeffer, Ingwer, Paprika, gehackten Zwiebeln und zerdrücktem Knoblauch pikant abgeschmeckt werden. Diese Marinaden passen gut zu Schweine-, Lamm- und Hähnchenfleisch.

Es gibt unzählige Möglichkeiten, Marinaden zuzubereiten. Dabei ist auch stets die eigene Fantasie gefragt – Sie können immer etwas Neues erfinden und entdecken.

Um mit einem Vorurteil zu brechen: Salz in einer Marinade macht das Fleisch nicht automatisch trocken. Die Flüssigkeiten in der Marinade ziehen an den Stellen in das Fleisch ein, wo es zäher ist, also dort, wo die Fleischzellen enger zusammen sind, somit wird das Stück später zarter. Da die Gewürze und auch das Salz während der Marinierzeit in das Fleisch einziehen, können Sie jederzeit nach Bedarf nachsalzen. Das Fleisch muss komplett mit der Marinade bedeckt sein. Sie verteilt sich am besten, wenn das Fleisch zwischendurch (mehrmals) gewendet wird. Für 1 Kilo Fleisch braucht man 300–500 ml Marinade.

Gemüse, Fisch und sehr zartes Fleisch sollten eine halbe bis zwei Stunden mariniert werden. Zäheres Fleisch dagegen kann 24 Stunden oder länger in der Marinade bleiben.

Zum Marinieren brauchen Sie ein säurefestes Gefäß, das ausreichend groß für Fleisch und Marinade ist. Gut eignen sich Plastik, Keramik, Glas oder rostfreies Metallgeschirr.

Es kann aber auch ein Plastikbeutel genommen werden. Gießen oder streuen Sie alle Zutaten für die Marinade in den Beutel, schütteln alles und fügen das Fleisch hinzu. Anschließend verschließen Sie den Beutel so fest, dass die Marinade nicht auslaufen kann. Legen Sie den Beutel in den Kühlschrank und drehen Sie ihn ab und zu um.

Marinade, die übrig bleibt, kann später noch als Sauce serviert werden. Da in der Marinade jedoch zuvor rohes Fleisch war, muss sie erhitzt und dann einige Minuten gekocht werden, damit alle Bakterien vernichtet werden.

Marinaden

Rotweinmarinade

Für 800–1000 g Lamm oder Rind

2 Zwiebeln
1 EL Rosmarinblätter
2 Lorbeerblätter
3 Nelken
1 TL Pfefferkörner
250 ml trockener Rotwein
50 ml roter Weinessig
3–4 EL Olivenöl

Die Zwiebeln schälen und in grobe Stücke schneiden. Kräuter und Gewürze in eine Schüssel geben. Wein, Weinessig und Öl hinzufügen. Alle Zutaten vermischen und über das Fleisch gießen. Vor dem Grillen 6–24 Stunden im Kühlschrank marinieren.

Weißweinmarinade

Für 800–1000 g Geflügel, Kalb, Rind, Wildschwein oder Fischfilet

250 ml trockener Weißwein
Saft und abgeriebene Schale von 1 Zitrone
1 TL weißer Pfeffer
1 TL frisch gehackter Dill
1 TL frisch gehackter Koriander

Alle Zutaten vermengen. Der Fisch sollte 30 Minuten, das Kalbfleisch 3 Stunden und rotes Fleisch 24 Stunden oder länger mariniert werden.

Ingwermarinade

Für 800–1000 g Grillgemüse (Tomaten, Zwiebeln, Zucchini, Champignons)

125 ml weißer Balsamicoessig
6 EL Olivenöl
2 EL Sesamöl
2 EL geriebene Ingwerwurzel
1 EL brauner Zucker
2 Knoblauchzehen, zerdrückt
2 TL Tabasco
Salz und Pfeffer
Gemüse, in mundgerechte Stücke geschnitten

Alle Zutaten für die Marinade in einem Plastikbeutel vermischen. Das Gemüse hinzufügen, den Beutel fest verschließen und 30–60 Minuten im Kühlschrank marinieren. Zwischendurch wenden.

Hoisin-Marinade

Für Schweinerippchen, Lamm, Geflügel und Garnelen
Ergibt 250 ml

125 ml frisch gepresster Orangensaft
75 ml Hoisin-Sauce
2 TL Sojasauce
2 TL frisch geriebene Ingwerwurzel
2 TL Honig
1 TL Sesamöl
Pfeffer
50 g Schnittlauchröllchen oder Frühlingszwiebeln, in Ringe geschnitten

Diese Marinade enthält Zucker (im Honig). Grillen Sie daher mit dieser Marinade nicht über glühenden Kohlen, sondern am Rostrand, damit die Fleischoberfläche nicht verbrennt.

Alle Zutaten in einer Schüssel vermischen. Fleisch oder Geflügel 4–5 Stunden, dunkles Fleisch bis zu 24 Stunden marinieren. Für Garnelen ist eine halbe Stunde Marinierzeit ausreichend.

Senfmarinade

Für 800–1000 g Schwein, Wildschwein, Geflügel, Kalb oder Fisch

1 Zwiebel
2 Sardellen in Öl oder Salzlake
2 Knoblauchzehen
2 EL scharfer Senf
250 ml Pflanzenöl
1 EL Essig

Zwiebel und Sardellen fein hacken. Knoblauchzehen zerdrücken. Dann alle Zutaten vermischen.

Feurige Soja-Koriander-Marinade

Für Rind, Schwein, Geflügel oder Fisch
Ergibt 500 ml

125 ml Sojasauce
50 ml Reisweinessig
50 ml Haselnussöl
1 Handvoll frischer Koriander, gehackt
4 Knoblauchzehen, gehackt
3–4 Zwiebeln, gehackt
1 EL frisch geriebene Ingwerwurzel
2 TL brauner Zucker
1–2 Chilis, entkernt und gehackt

Alle Zutaten vermischen. Fleisch 6–24 Stunden, Fisch 30–60 Minuten marinieren.

Einfache Hoisin-Barbecue-Sauce

Hoisin-Sauce, Ketchup sowie Wasser zu gleichen Teilen vermischen. Das Fleisch damit während des Garens bestreichen.

Trockene Marinaden/ Gewürzmischungen

Die Gewürzmischungen, die auf die Fleischoberfläche gerieben werden, setzen sich gewöhnlich aus getrockneten Kräutern und Gewürzen zusammen. Damit es leichter ist, die Mischung zu verteilen, kann sie mit ein wenig Öl verrieben werden. Das Fleisch wird rundum eingerieben. Zum Würzen von 500 g Fleisch brauchen Sie 1 TL Gewürzmischung.

Feurig-süße Gewürzmischung

Für 1 kg Schwein, Rind oder Geflügel

2 TL Chilipulver
1 TL Paprikapulver
1 TL brauner Zucker
½ TL Weizenmehl
½ TL Knoblauchsalz
¼ TL Zimt
½ TL gemahlener Pfeffer

Alles vermischen. Das Fleisch erst mit Öl und dann mit der Gewürzmischung einreiben. Bei Bedarf das Fleisch nach dem Grillen salzen.

Würzöle

Zum Würzen von sehr zartem oder Jungtierfleisch genügen Würzöle. Das Fleisch vor dem Grillen und während des Grillens rundum damit bestreichen.
Vorsicht! Die Würzöle sind nicht lange haltbar, wenn sie frische Kräuter enthalten.

Zitronen-Rosmarin-Öl

Für 800–1000 g Rind, Fisch oder Hähnchenfilet

6 EL Olivenöl
3 EL Rosmarinblätter, gehackt
3 Knoblauchzehen, zerdrückt
2 TL Zitronensaft
2 TL abgeriebene Zitronenschale

Alle Zutaten im Mörser zerreiben. Die Mischung 1–2 Stunden im Kühlschrank ziehen lassen.

Senf-Worcester-Öl

Für 800–1000 g Schweine-, Lamm- oder Hähnchenfleisch

50 ml Senf
50 ml Olivenöl
3 TL Worcestersauce
Salz und Pfeffer

Senf in eine Schüssel geben. Langsam und unter ständigem Rühren das Öl hinzufügen, sodass eine einheitliche Masse entsteht. Anschließend die Worcestersauce hinzufügen und bei Bedarf mit Salz und Pfeffer abschmecken.

Glasuren

Das Grillgut erst kurz vor dem Ende der Garzeit mit der Glasur überziehen. Die Glasuren enthalten Zucker. Sie würden bei starker Hitze und langer Garzeit verbrennen und die Oberfläche bitter werden lassen. Kleinere Fleischstücke werden 2–3 Minuten, größere Stücke 10–15 Minuten vor dem Ende der Garzeit glasiert.

Honig-Ingwer-Glasur

Für 800–1000 g Schweine-, Geflügel- oder Kalbfleisch

50 g Honig
50 ml Zitronensaft
2 EL Pflanzenöl
1 EL scharfer Senf
3-cm-Stück frische Ingwerwurzel, gerieben
2 EL Brandy

Honig und Zitronensaft mit Öl und Senf vermischen. Ingwer und Brandy hinzufügen und alles umrühren.

Süße rote Glasur

Für 800–1000 g Fleisch oder Würste

50 g Ketchup
2 EL Zuckersirup oder Ahornsirup
1 Knoblauchzehe, zerdrückt
50 ml Orangensaft
2 EL Öl
einige Tropfen Tabasco

Alle Zutaten verrühren, in ein Schraubglas füllen und kräftig schütteln.

Gemüse

20

Gemüse sollte vor dem Grillen immer mit Öl bestrichen werden, damit es nicht austrocknet oder anbrennt.

Pilz-Gemüse-Spieße

200 g große Champignons
1 rote Paprika
1 Lauchstange (nur der weiße Teil)

Für die Gewürzmischung
4 EL Olivenöl
2 EL Sojasauce
½ TL Chinesisches Fünf-Gewürze-Pulver

Die Champignons putzen und halbieren. Paprika in mundgerechte Stücke schneiden. Den Lauch längs halbieren, dann in Stücke schneiden. Für die Gewürzmischung alle Zutaten verrühren und das Gemüse damit bestreichen. Gemüse und Pilze auf Spieße stecken und 5 Minuten grillen.

Gegrillter Knoblauch

Bei Lammgerichten ist Knoblauch unersetzlich.

1 Knoblauchknolle
2 TL Olivenöl oder zerlassene Butter

Die Knoblauchknolle in der Mitte durchschneiden und mit Olivenöl oder Butter bestreichen. In Alufolie wickeln. Grillen, bis die Zehen weich sind.

Zucchini mit Camembert

Zusammen mit Weißbrot oder Baguette servieren, das auf dem Grill leicht geröstet wurde.

2 Zucchini
Olivenöl
Salatgewürz
125 g Camembert
frisches Basilikum

Die Zucchini waschen und längs in Streifen schneiden. Die Streifen rundum mit Olivenöl bestreichen und mit Salatgewürz bestreuen. Die Zucchini auf den Grill legen und von beiden Seiten 3 Minuten grillen.
Dünne Käsescheiben auf die Zucchini legen und die Zucchini auf dem Grill lassen, bis der Käse anfängt zu zerlaufen. Mit Basilikumblättern garniert servieren.

Das Grillen von verschiedenen Gemüsesorten bietet auch Vegetariern die Möglichkeit, am Grillfest der Fleischfreunde teilzunehmen.

Das Gemüse vor dem Grillen und währenddessen unbedingt mit Öl bestreichen, damit es nicht austrocknet oder anbrennt.

Gegrilltes Gemüse klassisch

Gegrilltes Gemüse ist stets ein appetitlicher Anblick und eine leckere Beilage. Besorgen Sie daher einen ausreichenden Vorrat, damit es für alle Gäste reicht.

Perlzwiebeln
Paprika
Zwiebeln
Möhren (dicke Stücke blanchieren)
Zucchini
Aubergine
Tomaten
kleine Kartoffeln

Das Gemüse klein schneiden. Mit Öl bestreichen, mit Salz und Pfeffer würzen und grillen.

Gegrilltes Gemüse in Knoblauchmarinade

3–4 kleine Kartoffeln, vorgekocht
2 Möhren
1 Zucchini
6 Schalotten
1 Lauchstange (nur der weiße Teil)
10 große Champignons
Salz und Pfeffer

Für die Marinade
100 ml Olivenöl
2 EL frisch gehackte Petersilie
5 Knoblauchzehen, zerdrückt

Das Gemüse in grobe Stücke schneiden. Alle Zutaten für die Marinade vermengen, über das Gemüse gießen und eine Stunde marinieren. Das Gemüse während des Grillens noch einmal mit der Marinade bestreichen. Grillen, bis das Gemüse gar und an den Rändern leicht braun ist.

26

Auberginen-Mozzarella-Päckchen

Das Bestreichen mit dem Würzöl verleiht den Gemüsestücken einen frischen Geschmack.

2 Auberginen
1 EL Öl
4 Tomaten
200 g Mozzarella
frisches Basilikum

Für das Würzöl
Saft von 2 Zitronen
2 EL Öl
Salz und Pfeffer

Die Auberginen längs in dünne Scheiben schneiden und mit Salz bestreuen. Warten, bis das Salz Wasser aus den Auberginen zieht. Anschließend die Scheiben abwaschen und mit Küchenpapier abtupfen. In einer Pfanne mit dem Öl von beiden Seiten anbräunen. Tomaten und Mozzarella in Scheiben schneiden.
Zwei Auberginenscheiben zum Kreuz übereinanderlegen. Eine Tomatenscheibe, ein Basilikumblatt und eine Käsescheibe in die Mitte legen und alles zu einem Päckchen wickeln.
Für das Würzöl alle Zutaten in einer Schüssel verrühren.
Die Päckchen während des Grillens mit dem Würzöl einpinseln. So lang grillen, bis die Auberginen bräunen und der Käse zerläuft.

Gemüse mit Mozzarella

400 g Zucchini
300 g Kirschtomaten
250 g Mozzarella
1 Rosmarinzweig, Blätter abgezupft und fein gehackt
frisches oder getrocknetes Basilikum
Salz und Pfeffer
Olivenöl
Rosenpaprika

Die Zucchini in mundgerechte Stücke schneiden, die Tomaten halbieren. Den Mozzarella in Scheiben schneiden. Aus Alufolie kleine Nester formen und mit Zucchinischeiben und halbierten Kirschtomaten füllen. Mit Rosmarin, Basilikum sowie Salz und frisch gemahlenem Pfeffer bestreuen. Eine Scheibe Käse darauflegen und alles mit Olivenöl beträufeln. Zum Schluss mit Rosenpaprika würzen.
10–12 Minuten grillen.

Diese Gemüsenester eignen sich gut als Vorspeise, um den ersten Hunger zu stillen oder auch als Beilage zu Fleischgerichten.

Fladenbrot mit Käse-Lachs-Füllung

Fladenbrot kann auch mit einer Käse-Schinken-Füllung zubereitet oder einfach mit frischer Butter serviert werden.

1 Fladenbrot
200 g Räucherlachs
200 g Hüttenkäse
100 g geriebener Gouda
frisch gehackter Dill
1 EL Zitronenpfeffer

Das Fladenbrot in große Tortenstücke schneiden. Die einzelnen Stücke aufschneiden.
Den Lachs in Stücke zupfen und mit Hüttenkäse, Gouda, Dill und Zitronenpfeffer vermengen. Die „Tortenstücke“ mit der Mischung belegen.
Von beiden Seiten grillen, bis der Käse zerläuft.

Grillkartoffeln mit Feta und Speck

Dazu passen frischer Salat und knuspriges Weißbrot.

6 Kartoffeln
200 g Feta
6 Scheiben Frühstücksspeck
frischer Thymian

Die Kartoffeln in Salzwasser kochen, bis sie fast weich sind. Dann abkühlen lassen und längs in drei dicke Scheiben schneiden. Den Feta zwischen die Kartoffelscheiben legen. Je eine wieder zusammengesetzte Kartoffel mit einer Speckscheibe einwickeln, eventuell mit einem zuvor gewässerten Zahnstocher fixieren. Grillen, bis der Speck anbräunt.

Fisch & Meeresfrüchte

34

Gegrillter Lachs mit Knusperkruste

4 Lachsfilets mit Haut (à 150–200 g)
4 Schalotten
16 Kirschtomaten

Für die Knusperkruste
100 g Pinienkerne
100 g Haselnüsse
1 Bund Koriander
1 Bund Dill
1 Bund Schnittlauch
3 EL Öl
Saft von 1 Zitrone
Salz und Pfeffer

Pinienkerne und Haselnüsse in einer Pfanne trocken rösten, dann im Mörser grob zermahlen. Koriander, Dill und Schnittlauch hacken und mit den bereits vorbereiteten Zutaten, Öl und Zitronensaft vermengen, dann mit Salz und Pfeffer abschmecken.
Die Lachsstücke mit der Hautseite nach unten auf Alufolie legen. Die Gewürzmischung dick auf die Lachsstücke verstreichen.
Die Schalotten vierteln, die Tomaten halbieren.
Zu jedem Lachsstück einige Schalotten und Tomaten legen. Die Portionen in Alufolie einwickeln und 10–15 Minuten grillen.

Mit Gewürzmischungen kann man die Fischzubereitung immer neu variieren.

36

Gegrillte Garnelen

Die Garnelen mit Zitrone, Dill und Baguette servieren. Die übrige Marinade kann als Sauce bei Tisch serviert werden.

500 g Riesengarnelen mit Schwanz, TK-Ware aufgetaut

Für die Honig-Chili-Marinade
200 g Butter
2–3 Knoblauchzehen, zerdrückt
2 EL Honig
½ TL Cayennepfeffer
3 EL Zitronensaft
3 EL frisch gehackter Dill
Salz

Die Garnelen auf Spieße stecken.
Für die Zubereitung der Marinade die Butter in einer Pfanne erhitzen. Den Knoblauch hinzufügen und unter ständigem Rühren andünsten. Honig, Cayennepfeffer, Zitronensaft und Dill hinzufügen und kräftig salzen.
Die Garnelen vor und während des Grillens mit der Marinade bestreichen. Sie sind gar, wenn sie die Farbe ändern.

Garnelen und Krebsschwänze dürfen nicht zu lange gegrillt werden – sonst werden sie fade im Geschmack und zäh.

Lachspäckchen

4 Lachsfilets ohne Haut (à 150 g)
Salz und Pfeffer
2 Tomaten, in Scheiben geschnitten
2 Zitronen, in dünne Scheiben geschnitten
frischer Dill

Die Filets quer halbieren und mit Salz und Pfeffer würzen. Für die Päckchen abwechselnd eine Zitronenscheibe, eine Tomatenscheibe, einen Dillzweig und ein Lachsstück und abschließend noch eine Zitronenscheibe übereinanderlegen. Alles mit gewässertem Küchengarn zusammenbinden. Über direkter Hitze 5–6 Minuten grillen.

Die Päckchen alternativ auf Alufolie oder in eine Alugrillschale legen.

Die Zitronenscheiben möglichst dünn schneiden.

Lachsfilet in Dill-Knoblauch-Marinade

Beim Grillen von Fisch sind spezielle Fischgrillroste für einen oder mehrere Fische oder Filets sinnvolle Hilfsmittel.

4 Lachsfilets (à 150 g)

Für die Gewürzmischung
150 g Butter
1 Bund Dill, Blätter abgezupft und fein gehackt
1 EL Zitronensaft
4 Knoblauchzehen, gehackt
1 TL Salz

Die Butter in einem Topf zerlassen und gehackten Dill, Zitronensaft und Knoblauch hinzufügen. Zum Schluss salzen.
Den Fisch während des Grillens mehrmals mit der warmen Gewürzmischung bestreichen.

Liegt der Fisch direkt auf dem Grillrost, ist es wichtig, dass er nur einmal vorsichtig gewendet wird. Vorteilhaft ist auch ein sehr sauberer und eingeölter Grillrost. Alternativ einen Fischgrillrost oder Wendebräter verwenden.

Zitruslachs

4 Lachsfilets mit Haut (à 150 g)
1 unbehandelte Limette oder Zitrone, in dünne Scheiben geschnitten
Olivenöl
Saft von 1 Limette
Salz und weißer Pfeffer

In die Filets seitlich kleine Schlitze schneiden. Die Limettenscheiben halbieren und in die Schlitze schieben. Den Fisch mit Öl und Limettensaft bestreichen, dann mit Salz und weißem Pfeffer würzen.
Die Filets mit der Hautseite nach unten auf einem nicht zu heißen Grill in Alufolie garen.

Lachsforelle in Kräutermarinade

Die Grillkohle darf nicht zu heiß sein und der Fisch sollte nicht zu lange gegrillt werden. Er ist gar, wenn er rosafarben ist, feucht glänzt und die Haut sich leicht lösen lässt.

4 Lachsforellenfilets
Kräutermarinade
1 Bund Petersilie
1 Bund Dill
Saft von 1 Zitrone
100 ml Öl
½ TL Salz

Die Kräuter von den Stängeln zupfen und in einem Mixer mit Zitronensaft, Öl und Salz zerkleinern. Den Fisch in die Kräutermarinade legen und eine Stunde bei Zimmertemperatur marinieren. Von beiden Seiten 2–3 Minuten grillen.

Störfilet in Soja-Zwiebel-Marinade

Stör eignet sich sehr gut zum Grillen.

500 g Störfilet
100 g süße Sojasauce
2–3 Zwiebeln, fein gehackt

Das Filet in 3 cm dicke Scheiben schneiden. Die Sojasauce mit den Zwiebeln vermischen und den Fisch 3–4 Stunden darin marinieren. Von beiden Seiten 2–3 Minuten grillen.

Durch den Frühstücksspeck bleibt das Hechtfleisch saftig und bekommt mehr Geschmack und Aroma.

Hecht-Speck-Röllchen

500 g Hechtfilet
Zitronensaft
Salz und Pfeffer
1 Bund Dill, Blätter abgezupft und fein gehackt
10 Scheiben Frühstücksspeck

Das Fischfilet in 2 cm dicke Scheiben schneiden. Mit Zitronensaft, Salz und Pfeffer würzen. Mit gehacktem Dill bestreuen. Die Fischstücke in die Speckscheiben wickeln und je 3 oder 4 Stück auf Spieße stecken. Grillen, bis der Fisch gar ist, dabei mehrmals wenden.

Aal kann als Ganzes oder in größeren Stücken gegrillt werden und sollte immer erst nach dem Grillen gesalzen werden, wenn er nicht mariniert wird.

Gegrillter Aal

1 kg frischer Aal

Für die Marinade
Saft von 2 Zitronen
1 TL Worcestersauce
100 ml Weißwein
2 EL Öl
1 EL Honig
Salz und Pfeffer

Alle Zutaten für die Marinade verrühren. Den Aal in mundgerechte Stücke schneiden. Mit der Marinade übergießen und 3–4 Stunden ziehen lassen. Die Aalstücke auf Spieße stecken. Die Spieße 6–8 Minuten grillen, dabei mehrmals wenden.
Der Aal ist gar, wenn die Haut sich leicht abziehen lässt.

Felchen können durch frische Heringe ersetzt werden.

Geröstete Felchen

500 g kleine Felchen
100 g geriebener Käse
1 EL frisch gehackter Dill
Öl
Pfeffer und Salz
3 EL Zitronensaft

Die Fische abspülen und mit Küchenpapier trocken tupfen. Käse und Dill vermengen und den Fisch mit der Käsemischung füllen. Die Hälften aneinanderdrücken und auf den Grillrost legen. Mit Öl bestreichen. Bei niedriger Temperatur grillen, bis der Käse zerläuft. Vor dem Servieren mit Salz, Pfeffer und Zitronensaft würzen.

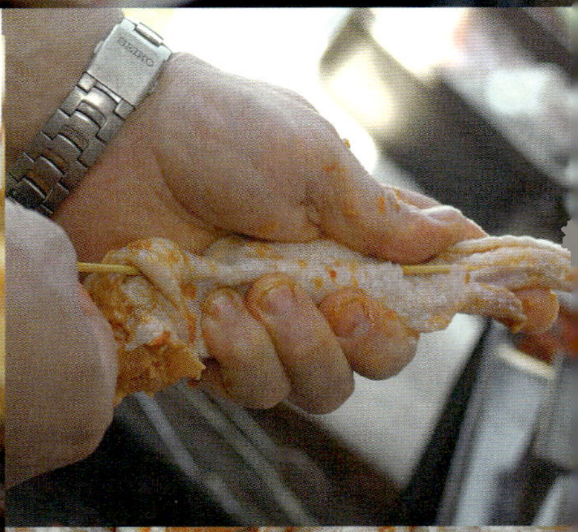

Geflügel

Hähnchenrouladen mit Aprikose und Blauschimmelkäse

Die Rouladen sehr sorgsam fixieren, sonst tropft der Käse aus dem Fleisch auf die heißen Kohlen.

500 g Hähnchenbrustfilet
125 g Blauschimmelkäse
100 g Aprikosen aus der Dose, abgetropft und gehackt
frisch gemahlener schwarzer Pfeffer
Öl

Das Fleisch in dünne, möglichst große Scheiben schneiden. Den Blauschimmelkäse mit den gehackten Aprikosen vermischen. Die Mischung kräftig pfeffern. Die Hähnchenscheiben mit der Käsemasse bestreichen und zu Rouladen aufrollen, dann mit Zahnstochern oder Küchengarn fixieren. Vor dem Grillen rundum mit Öl bestreichen. Etwa 15 Minuten grillen, dabei mehrmals wenden.

Beim Grillen von Entenbrustfilets ist ständige Aufmerksamkeit geboten, denn es tropft viel Fett auf die Grillkohle, wodurch hohe Flammen entstehen können. Aber die knusprige Haut und das saftige Innere machen aus Entenbrustfilet eine wahrhaftige Delikatesse.

Gegrilltes Entenbrustfilet

Das Entenbrustfilet schmeckt am besten, wenn es innen noch leicht rosa ist.

2 Entenbrustfilets
2 EL Honig
Meersalz und frisch gemahlener schwarzer Pfeffer

Die Entenbrustfilets abspülen und mit Küchenpapier abtupfen. In die Haut ein grobes Rautenmuster ritzen. Die Filets mit Honig bestreichen, dann pfeffern und salzen. Auf dem sehr heißen Grill von beiden Seiten 3–4 Minuten grillen – zunächst auf der Hautseite, dann auf der anderen.

Zu diesem großartigen, leicht zuzubereitenden Fleisch schmecken frischer Salate und knuspriges Baguette.

Gefüllte Hähnchenbrust

Das Fleisch nach dem Füllen sorgfältig zusammenbinden, damit der Käse nicht heraustropft.

6 Hähnchenbrustfilets
2 EL Öl
Salz und frisch gemahlener schwarzer Pfeffer

Für die Füllung
100 g Ziegenweichkäse, zerdrückt
4 EL frisch gehacktes Basilikum
2 EL Pinienkerne
Salz und Pfeffer

Alle Zutaten für die Füllung vermischen. In die Hähnchenbruststücke tiefe Taschen schneiden und diese mit der Käsemischung füllen. Mit Zahnstochern oder Küchengarn verschließen. Die Hähnchenbrustfilets mit Öl bestreichen und mit Salz und Pfeffer würzen. Die Stücke 5 Minuten über starker Hitze und dann etwa 20 Minuten am Rand des Rosts grillen.

Hähnchenspieße

6 Hähnchenbrustfilets

Für die Marinade
200 ml Naturjoghurt
1 EL Honig
1 EL Olivenöl
2 EL frisch gehackter Koriander
½ TL Salz
2 Knoblauchzehen, zerdrückt

Die Filets längs durchschneiden. Alle Zutaten für die Marinade in einer Schüssel verrühren. Das Fleisch in die Marinade legen und 1–4 Stunden im Kühlschrank ziehen lassen. Die Filetstreifen auf Spieße stecken und 6–7 Minuten grillen, bis das Fleisch gar ist.

Putenbrustfilet in Joghurtmarinade

Mageres Putenfleisch kann auch, anders als in diesem Rezept, mit fetthaltigen Marinaden gewürzt werden.

500 g Putenbrustfilet

Für die Marinade
100 g Naturjoghurt
1 Zwiebel, gehackt
1–2 Knoblauchzehen, gehackt
½ TL Zucker
1 TL Salz
½ TL weißer Pfeffer

Das Filet in kleine, flache Steaks von je 100 g schneiden und mit dem Fleischklopfer plattieren. Alle Zutaten für die Marinade verrühren. Das Fleisch rundum mit der Marinade bestreichen oder einlegen. 1 Stunde im Kühlschrank ziehen lassen. Die überschüssige Marinade abtropfen lassen. Die Steaks von beiden Seiten 3–5 Minuten grillen.

Hähnchenflügel gibt es bei einer Party nie genug – sie sind gut zum Knabbern und schmecken sowohl kalt als auch warm.

Feurige Hähnchenflügel am Spieß

500 g Hähnchenflügel

Für die Marinade
100 g Ketchup
3 EL Sojasauce
Saft von 1 Zitrone
½ TL Cayennepfeffer
Salz

Ketchup, Sojasauce, Zitronensaft und Pfeffer in einer Schüssel vermischen. Kräftig salzen. Die Hähnchenflügel in eine Schüssel legen, mit der Marinade bedecken und über Nacht ziehen lassen. Vor dem Grillen auf Spieße stecken. Die Hähnchenflügel sind gar, wenn das Fleisch sich leicht von den Knochen lösen lässt.

Wachteln können vor dem Grillen in Scheiben von fettem Speck gewickelt werden. Zuvor von innen und außen mit Salz und Pfeffer würzen, dann mit Küchengarn zusammenbinden. Bevor die Wachteln ganz gar sind, den Speck entfernen und weitergrillen, bis die Wachtelhaut gebräunt ist.

Gefüllte Wachteln

4 küchenfertige Wachteln

200 g Hackfleisch vom Schwein
1 Zwiebel, gehackt
100 g Käse, gerieben
Pfeffer, Salz, Zucker
3 EL Zitronensaft
3 EL Öl

Hackfleisch, Zwiebel, Käse und Gewürze vermischen. Die Wachteln mit der Hackfleischmischung füllen und die Öffnung mit Zahnstochern verschließen. Die Wachteln mit Zitronensaft und Öl bestreichen, dann leicht salzen und pfeffern. 10–15 Minuten grillen, zwischendurch wenden.

Hähnchen-rouladen mit Mozzarella

Das magere Hähnchenbrustfleisch wird durch die Füllung saftig. Das Fleisch während des Grillens mehrmals mit Öl bestreichen. Kurz vor Ende der Garzeit das Hähnchen mit gewürzter, zerlassener Butter bestreichen.

2 Hähnchenbrustfilets
200 g Mozzarella, in Stifte geschnitten
3–4 Knoblauchzehen, zerdrückt
3 EL Öl
frisch gemahlener schwarzer Pfeffer

Die Hähnchenbrustfilets abspülen, mit Küchenpapier trocken tupfen, horizontal halbieren und mit dem Fleischklopfer leicht plattieren. Käsestäbchen und Knoblauch auf die Filets verteilen und diese aufwickeln. Mit Zahnstochern oder Küchengarn fixieren. Das Fleisch vor dem Grillen mit Öl bestreichen und mit Pfeffer würzen. Durch einen Einschnitt im Fleisch prüfen, ob es gar ist.

Hähnchen mit Pflaumenfüllung

400 g Hähnchenbrustfilet
100 g getrocknete Pflaumen ohne Stein

Für die Gewürzmischung
½ TL Chilipulver
1 TL frisch gemahlener schwarzer Pfeffer
1 EL gemahlener Koriander
½ TL Senfsamen
2 EL Honig
Salz

Das Fleisch in große, dünne Scheiben schneiden (wie Rinderrouladen) und mit dem Fleischklopfer plattieren. Alle Zutaten für die Gewürzmischung vermengen und die Rouladen damit bestreichen. 3–12 Stunden im Kühlschrank marinieren. Die Gewürzmischung beinhaltet Honig, daher nicht bei höchster Hitze grillen, das Fleisch könnte verbrennen.
Die Pflaumen auf die Fleischscheiben verteilen und jeweils aufrollen. Mit Zahnstochern oder mit Küchengarn fixieren, dann 10–15 Minuten grillen.

Die Rouladen können auch mit anderen Trockenfrüchten wie Aprikosen, Kirschen, Trauben oder Rosinen gefüllt werden.

Hähnchen in Orangenmarinade

500 g Hähnchenbrustfilet

Für die Marinade
abgeriebene Schale und Saft von 2 Orangen
3 EL Olivenöl
1–2 Knoblauchzehen, zerdrückt
1 EL frisch gehackte Petersilie oder Koriander
Salz und Pfeffer

Beim Grillen der Hähnchenbrustfilets darauf achten, dass die dünnen Ränder nicht zu stark anbrennen.

Alle Zutaten für die Marinade verrühren. Die Hähnchenbrustfilets damit übergießen und 3–4 Stunden im Kühlschrank ziehen lassen.
Bei mittlerer Hitze von beiden Seiten 3–4 Minuten grillen.

Schwein

Schweinefleisch-Kräuter-Röllchen

500 g Schweinenackenbraten
1 Bund frischer Koriander oder glatte Petersilie, Blätter abgezupft und gehackt
3–4 Knoblauchzehen
3 EL Öl
Salz und Pfeffer

Das Fleisch in Scheiben schneiden und mit dem Fleischklopfer plattieren. Kräuter und Knoblauch mit Öl und Gewürzen vermischen. Das Fleisch mit der Mischung einreiben und die Scheiben aufrollen. Die Rouladen in je vier Stücke schneiden und diese auf einen gewässerten Spieß stecken.
10–15 Minuten grillen.

Füllungen geben dem durchwachsenen Schweinefleisch Aroma. Als Füllung eignen sich auch mit Knoblauch gewürzter Hüttenkäse, in Cognac eingelegte Rosinen oder Apfelstücke.

Vor dem Grillen immer überschüssige Würzpaste oder Marinade vom Fleisch entfernen. Eventuell während des Grillens wieder damit bestreichen, wenn das Fleisch trocken zu werden droht.

Mariniertes Schweinefilet

Ob Fleisch gar ist, kann von außen nicht beurteilt werden, deshalb ist ein Fleischthermometer beim Grillen ein gutes Hilfsmittel.

2 Schweinefilets (à 350 g)

Für die Marinade
100 ml süße Chili-Sauce
100 ml Sojasauce
2–3 Knoblauchzehen, zerdrückt

Die beiden Saucen mit dem Knoblauch verrühren.
Die Schweinefilets abspülen, mit Küchenpapier trocken tupfen und in eine Schüssel legen. Die Marinade über das Fleisch gießen, sodass es vollständig bedeckt ist. Im Kühlschrank 3–4 Stunden marinieren. Grillen, bis die Innentemperatur des Fleisches 70 °C beträgt.

Ein durchwachsener Schweinenacken bleibt im Smoker saftig und zart. Am nächsten Tag schmeckt der aufgeschnittene Braten fabelhaft zu Brot.

Fruchtiger Schweinenacken

1 Schweinenackenbraten

Für die Johannisbeersauce
100 g Butter
200 ml rotes Johannisbeersaftkonzentrat
2 EL Sambal Oelek
100 ml dunkle Sojasauce
Salz

Die Butter in einem Topf zerlassen. Saftkonzentrat, Sambal Oelek und Sojasauce zugeben. Die Mischung erhitzen und 10 Minuten bei niedriger Hitze köcheln. Mit Salz abschmecken.
Das Fleisch abspülen, mit Küchenpapier trocken tupfen und mit Küchengarn zu einem Rollbraten zusammenbinden.
Das Fleisch in den vorgeheizten Smoker oder einen Rundgrill mit Deckel legen und eine Stunde in dem starken weißen Rauch garen. Die Temperatur im Grill sollte bei 100 °C liegen. Das Fleisch alle 15 Minuten sorgfältig mit der Sauce bestreichen. Das Fleisch ist gar, wenn seine Innentemperatur 72 °C beträgt.

BBQ-Schweinefilet

Schweinefleisch ist gar, wenn seine Innentemperatur 70–72 °C beträgt. Das Filet ist aber bei einer Temperatur von 65–67 °C von innen rosa und saftig.

2 Schweinefilets (à 350 g)
2 EL Honig
2 EL scharfer Senf
2–3 Knoblauchzehen, zerdrückt
1 TL Salz
Öl nach Bedarf

Aus Honig, Senf und Knoblauch eine Würzpaste zubereiten, dann salzen. Die Filets mit der Paste bestreichen und 2–3 Stunden im Kühlschrank ziehen lassen.
Das Fleisch im Smoker oder in einem Rundgrill mit Deckel garen, bis die Innentemperatur 65–67 °C beträgt. Wenn das Fleisch trocken zu werden droht, mit Öl bestreichen.

Dieses gefüllte Fleisch sollte bei niedriger Temperatur gegrillt werden.

Gefülltes Schweinefleisch

4 dicke Schweinerückensteaks (à 150 g)
200 g Hackfleisch halb und halb
1 Zwiebel, gehackt
1 EL Schaschlikgewürz
2 EL Essig
3 EL Öl
Salz und Pfeffer

Hackfleisch, Zwiebel, Schaschlikgewürz und Essig gründlich verkneten.
Die Steaks mit dem Fleischklopfer plattieren und tiefe Taschen hineinschneiden. Mit der Hackfleischmasse füllen und die Öffnung mit zuvor gewässerten Zahnstochern verschließen. Das Fleisch mit Öl bestreichen und mit Salz und Pfeffer würzen. So lange grillen, bis die Hackfleischmasse gar ist.

Hackwürstchen im Speckmantel

300 g Rinderhackfleisch
400 g Schweinehackfleisch
1 Zwiebel, gehackt
2–3 Knoblauchzehen, zerdrückt
1 Bund Petersilie, gehackt
100 g gehackte Mandeln
4 Scheiben Weißbrot, in Stücke geschnitten
Saft von 1 Zitrone
1 Ei
Salz und Pfeffer
14–16 Scheiben Frühstücksspeck

Beide Hackfleischsorten in eine Schüssel geben. Zwiebel, Knoblauch, Kräuter, Mandeln, Weißbrot, Zitronensaft und Ei zufügen. Alles gründlich durchmischen. Mit Salz und Pfeffer abschmecken. 1 Stunde im Kühlschrank ziehen lassen. Die Masse in pflaumengroße Portionen teilen und daraus Würstchen formen. Diese in Speck einwickeln und auf Zahnstocher stecken. 4–5 Minuten grillen, zwischendurch wenden.

Der Speck hält das Hackfleisch während des Grillens zusammen und saftig.

Jägerkoteletts

Den Knochen vorher säubern und in Alufolie wickeln, damit er nicht anbrennt.

6–8 Koteletts

Für die Marinade
100 g Tomatensauce, Fertigprodukt
50 ml Sojasauce
1 Päckchen Jägersaucenpulver

Die Koteletts mit einem Fleischklopfer plattieren. Alle Zutaten für die Marinade verrühren und die Koteletts damit rundum bestreichen. 1–3 Stunden im Kühlschrank marinieren. Vor dem Grillen das Fleisch eine halbe Stunde bei Zimmertemperatur stehen lassen. Bei mittlerer Hitze von beiden Seiten 5 Minuten grillen.

Grillwürste schmecken immer gut zu Kartoffelsalat und gegrilltem Gemüse.

Marinierte Grillwürste

600 g dünne, frische Rohbratwürste

Für die Marinade
200 ml Olivenöl
1 Rosmarinzweig, Blätter abgezupft
1 Chili, entkernt und in feine Ringe geschnitten
100 ml helle Sojasauce
1 EL Senf

Alle Zutaten für die Marinade vermischen. Die Würste über Nacht darin marinieren.
Bei niedriger Hitze grillen, bis die Würste anbräunen.

Gegrillter Schweinebauch

Wenn Sie Lust auf gegrillten Schweinebauch, aber keine Zeit zum Marinieren haben, können Sie das Fleisch auch während des Grillens mit der Marinade bestreichen. Oder kaufen Sie gleich mariniertes Fleisch.

500 g Schweinebauch

Für die Marinade
100 g Tomatensauce, Fertigprodukt
2 Äpfel, gerieben
1 Zwiebel, gehackt
1 EL grob gemahlener Pfeffer
½ TL Salz
½ TL Cayennepfeffer

Das Fleisch in 1 cm dicke Scheiben schneiden. Tomatensauce, Äpfel, Zwiebel und Pfeffer verrühren. Mit Salz und Cayennepfeffer abschmecken. Die Fleischstücke mit der Marinade bestreichen und 6–12 Stunden ziehen lassen. Bei niedriger Temperatur unter einem Deckel 5–6 Minuten grillen.

Beim Grillen von Rippchen muss man aufpassen, dass das Fleisch zwischen den Knochen nicht trocken wird oder anbrennt.

Spareribs

2 Schälrippchen (ca. 1,5–2 kg)

Für die Marinade
2 EL bunte Pfeffermischung, im Mörser grob zerstoßen
1 EL Salz
1 TL Zucker
½ TL Cayennepfeffer
100 ml Ketchup
3–4 Knoblauchzehen, zerdrückt

Alle Zutaten für die Marinade verrühren. Die Rippchen damit bestreichen und 24 Stunden marinieren.
Die Rippchen bei niedriger Temperatur grillen, zwischendurch mit der Marinade bestreichen. Die Rippchen sind fertig, wenn das Fleisch sich leicht vom Knochen löst.

Grillbraten in dünnen Scheiben

Schnell zubereitetes Grillfleisch, das sich gut für einen Burger oder zu einem Kartoffelsalat eignet.

500 g Schweinenackenbraten

Für die Marinade
1–2 Zwiebeln, gehackt
1–2 Knoblauchzehen, gehackt
3 EL Tomatensauce, Fertigprodukt
½ TL Pfeffer, grob gemahlen
Salz

Das Fleisch in 2 cm dicke Scheiben schneiden und mit dem Fleischklopfer plattieren. Alle Zutaten für die Marinade verrühren. Die Fleischscheiben damit bestreichen und auf dem heißen Grill 2 Minuten von jeder Seite grillen.

Trockengesalzene Rippchen mit süßsaurer Sauce

3 kg Schälrippchen

Zum Trockensalzen
200 g grobes Meer- oder Steinsalz
30 g brauner Zucker
12 Wacholderbeeren, zerdrückt
1 TL getrockneter Koriander
4 Zwiebeln, gehackt
5–6 Knoblauchzehen, gehackt

Die Zutaten vermischen. Das Fleisch mit der Mischung einreiben und 2–3 Tage im Kühlschrank trockensalzen.

Für die süßsaure Sauce
100 g Butter
4 EL Honig
200 g Pflaumenmus
300 g passierte Tomaten
100 ml Sojasauce
4 EL Balsamicoessig

Für die Sauce die Butter in einem Topf zerlassen. Honig, Pflaumenmus, passierte Tomaten, Sojasauce und Balsamicoessig zufügen und alles bei niedriger Temperatur 10–15 Minuten köcheln.

Das Fleisch zunächst 1 Stunde im Smoker oder einem Rundgrill mit Deckel in starkem Rauch garen. Nach dem Räuchern weitergaren, bis die Innentemperatur des Fleisches 72 °C beträgt. Dabei das Fleisch alle 15 Minuten mit der Sauce bestreichen.

Schweinewickel mit Gemüsefüllung

600 g Schweinenackensteaks, 1 cm dick
Rapsöl
Salz und Pfeffer

Für die Füllung
1 große Möhre
2 gelbe Paprika
100 g grüne Bohnen
100 g Frühstücksspeck, in dünnen Scheiben

Die Steaks mit dem Fleischklopfer plattieren. Mit Öl einreiben und mit Salz und Pfeffer würzen. Möhre und Paprika in etwa 7 cm lange Streifen schneiden und mit den grünen Bohnen in Salzwasser oder Brühe blanchieren.
Die Speckscheiben auf das Fleisch legen, darauf die Bohnen und je 2 oder 3 Möhren- und Paprikastreifen legen. Das Fleisch aufrollen und mit einem Zahnstocher oder mit Küchengarn fixieren. Danach etwa 15 Minuten von allen Seiten grillen.

Die Gemüsefüllung verleiht dem Fleisch Geschmack und macht es schön saftig.

Spießbraten

Das Grillen eines ganzen Tieres ist zeitaufwendig und erfordert viel Grillerfahrung. Man braucht natürlich unbedingt einen ausreichend großen Grill. Sind alle Bedingungen erfüllt, ist es jedoch ein ganz besonderes Erlebnis für Jung und Alt. Ein ganzes Tier am Spieß ist ein archaischer Anblick und das Fleisch ein besonderes Geschmackserlebnis. Und die große Mühe des Grillmeisters und Spießdrehers wird bei den Genießern sicher viel Anerkennung finden.
Als Spießbraten eignen sich gut Spanferkel und Lämmchen.

5–7 kg schwerer Tierrumpf (Lamm oder Spanferkel)
grobes Salz
frisch gemahlener schwarzer Pfeffer

Zum Bestreichen
½ Liter Portwein oder dunkles Bier
100 ml Öl
6 EL Zucker
4 EL Salz
2 EL Pfeffer
10 Knoblauchzehen, gehackt

Ein Lamm von innen und außen mit Salz und Pfeffer würzen. Ein Ferkel nur von innen. Junge Tiere brauchen keine lange Marinierzeit, weil deren Fleisch ohnehin zart und saftig ist.
Das Tier unterhalb der Wirbelsäule aufspießen. Zusätzlich am Spieß befestigen, sodass der Spieß sich nicht im Fleisch dreht.
Das Feuer anzünden und warten, bis das Holz gut brennt. Es ist nicht erforderlich, auf das Glühen zu warten, es ist aber wichtig, dass die Flammen gleichmäßig nach oben züngeln und in der richtigen Entfernung sind. Die Hitze muss ausreichend hoch zum Garen sein, aber nicht so hoch, dass das Fleisch verbrennt.
Den Spieß mit dem Tier aufbocken und mit dem Garen beginnen. Durch die Höhe des Grillspießes sowie das Drehen des Spießes kann die Hitzeeinwirkung reguliert werden. Durch das Bestreichen des Fleisches mit der Gewürzmischung wird es aromatisiert und gleichzeitig vermieden, dass es trocken wird.
Der Grillplatz muss windstill gelegen sein, weil Wind das Fleisch abkühlt und die Hitze zur Seite weht – so wird es nie gar.
Für das Grillen eines 5 kg schweren Ferkels benötigt man 4–5 Stunden. Alle abstehenden Teile wie Ohren, Klauen und Schwanz in Alufolie wickeln, damit sie nicht anbrennen.
Wenn sich beim Aufschneiden des Fleisches herausstellt, dass das Fleisch noch nicht ganz gar ist, einzelne Stücke noch kurz auf dem Grillrost grillen.

Lamm

Lammschnitzel

Gegrillte Lammschnitzel schmecken besonders gut, wenn sie innen saftig und rosa sind.

500 g Lammfleisch vom Schenkel, ohne Knochen

Für die Kräutermarinade
1 Zwiebel, in dünne Ringe geschnitten
2–3 Knoblauchzehen, gehackt
3 Zweige Koriander, Blätter abgezupft und gehackt
2 Zweige Minze, Blätter abgezupft und gehackt
1 TL Salz
1 TL schwarzer Pfeffer, grob gemahlen
½ TL Zucker
2 EL Öl
Saft von 1 Zitrone

Das Fleisch in Scheiben schneiden und mit dem Fleischklopfer plattieren. Alle Zutaten für die Marinade verrühren, die Schnitzel darin wenden und mindestens 3–4 Stunden ziehen lassen. Das Fleisch 10 Minuten grillen, zwischendurch wenden.

Die größte Gefahr beim Grillen von Lammfleisch ist, dass es zu lange gegart und zu spät serviert wird. Lammfleisch erfordert schnelles Handeln, dann bleibt es in Bestform.

Wenn Sie einen ganzen Lammsattel grillen, schneiden Sie Schlitze ins Fleisch. Beim Grillen das Fleisch mit einer Salz-Knoblauch-Mischung bestreichen.

Lammhals

4 Stücke Lammhals oder Lammsattel, mit oder ohne Knochen
5–6 Knoblauchzehen
4 Wacholderbeeren
100 ml Öl
2 EL Lammgewürz
1 TL Salz

Knoblauch und Wacholderbeeren mit Öl im Mörser zerreiben. Lammgewürz und Salz zufügen. Das Fleisch mit der Paste bestreichen und 2–3 Stunden im Kühlschrank marinieren. Auf dem heißen Grill 3–4 Minuten grillen.

Lammkeule

1 Lammkeule mit Knochen (2–2,5 kg)

Für die Marinade
2 l Orangensaft
2 Orangen, mit Schale in Stücke geschnitten
6–8 Knoblauchzehen, zerdrückt
1 Bund frischer Koriander, Blätter abgezupft und gehackt
Salz und Pfeffer

Sichtbares Fett vom Fleisch entfernen. Alle Zutaten für die Marinade in einer großen Schüssel verrühren. Die Lammkeule hineinlegen und 24 Stunden im Kühlschrank marinieren.
Das Fleisch abtropfen lassen und im Smoker oder im Rundgrill mit Deckel bei 120–150 °C garen, bis die Innentemperatur des Fleisches 70 °C beträgt. Von Zeit zu Zeit mit der Marinade bestreichen.

Lammkeule kann man am besten in einem Smoker oder in einem Rundgrill mit Deckel zubereiten. Das Fleisch ist gar, wenn es innen rosa ist und die Innentemperatur 70–80 °C beträgt, je nach gewünschter Garstufe.

Aufgeschnittene Lammkeule

1 kg Lammkeule, Knochen ausgelöst
Salz und Pfeffer

Für die Marinade
Saft von 1 Zitrone
50 ml Olivenöl
30 g Lammgewürz
2–3 Knoblauchzehen, gehackt
1 kleiner Zweig Rosmarin, Blätter abgezupft und gehackt
Rotwein, nach Belieben

Das Fleisch aufschneiden, aber nicht durchschneiden, und rundum salzen und pfeffern. Alle Zutaten für die Marinade verrühren und die Keule damit einreiben. Das Fleisch in den vorgewärmten Smoker oder einem Rundgrill mit Deckel legen und bei 200 °C 20–30 Minuten garen, bis das Fleisch anbräunt und auch von innen gar ist. Wenn das Fleisch beginnt trocken zu werden, mit Marinade oder Rotwein bestreichen.

Soll ein Essen zügig im Smoker zubereitet werden, ist die aufgeschnittene Lammkeule genau richtig. Auf die gleiche Weise können auch Schweinenackenkoteletts oder Bauchspeck zubereitet werden.

Lammkarree

Beim Zubereiten des Karrees das Fleisch von den Knochenspitzen abschaben und die gesäuberten Knochenspitzen in Alufolie wickeln.

1 Lammkarree (ca. 700 g)

Für die Marinade
2 Zwiebeln, fein gehackt
2 Knoblauchzehen, zerdrückt
4 EL frisch gehackter Koriander oder frisch gehackte Petersilie
4 EL Olivenöl
100 ml trockener Rotwein

Alle Zutaten für die Marinade verrühren. Von dem Karree deutlich sichtbares Fett abschneiden und die Knochenspitzen 2–3 cm freischaben. Das Fleisch in einen Plastikbeutel legen, die Marinade dazugießen und den Beutel fest verschließen. Das Fleisch im Kühlschrank 1–2 Tage marinieren.
Auf direkter Hitze 2–3 Minuten von beiden Seiten grillen.

Lammrippchen

Dünne Lammrippchen sind schnell gar und eignen sich gut als Fingerfood zu Wein oder Bier.

1 kg Lammrippchen

Für die Marinade
150 g Tomatensauce, Fertigprodukt
150 ml Rotwein
2–3 Knoblauchzehen, gehackt
1 TL Meersalz
½ TL grob gemahlener schwarzer Pfeffer

Alle Zutaten für die Marinade verrühren, dann das Rippchen damit übergießen und darin wenden. 24 Stunden im Kühlschrank ziehen lassen.
Abtropfen lassen und auf dem heißem Grill grillen. Lassen Sie das Fleisch nicht aus den Augen, damit es nicht anbrennt. Zwischendurch mit Marinade bestreichen.

Diese Marinade ist ein Klassiker, mit der Lammfleisch schon seit Jahrhunderten mariniert wird.

Lammfleisch provenzalisch

1 kg Lammfleisch ohne Knochen

Für die Marinade
100 ml Tomatensauce, Fertigprodukt
2–3 Knoblauchzehen, gehackt
3 EL getrocknete Kräuter der Provence
Salz und Pfeffer

Das Fleisch in Portionsstücke schneiden. Tomatensauce mit Knoblauch und Kräutern in einer Schüssel verrühren und mit Salz und Pfeffer abschmecken.
Das Fleisch in einen Plastikbeutel oder in eine Schüssel legen und mit der Marinade übergießen. Den Plastikbeutel dicht verschließen und das Fleisch 6–12 Stunden oder über Nacht im Kühlschrank ziehen lassen.
Auf dem heißen Grill 5–7 Minuten grillen bzw. so lange, bis das Fleisch innen rosa ist.

Kaum ein Fleischstück gart schneller als Lammfilet,
und ebenso schnell ist es auch aufgegessen.

Gegrilltes Lammfilet

500 g Lammfilet

Für die Würzpaste
3 Knoblauchzehen, zerdrückt
1 TL gemahlener Koriander
3 EL Öl
Salz und Pfeffer

Knoblauch und Koriander mit dem Öl verrühren. Mit Salz und Pfeffer kräftig würzen. Die Filetstücke abspülen und mit Küchenpapier trocken tupfen, dann mit der Würzpaste bestreichen und 2–3 Stunden im Kühlschrank ziehen lassen. Über direkter Hitze 2–3 Minuten grillen. Vorsicht, Filet trocknet schnell aus, wenn es zu lange gegrillt wird.

Räuberbraten im Erdofen

3 kg gemischtes Lammfleisch, ohne Knochen
15 Knoblauchzehen
100 ml Öl
1 EL Salz
½ EL grob gemahlener schwarzer Pfeffer
2 EL frisch gehackter Rosmarin
1 EL frisch gehackte Minze
2 EL frisch gehackter Koriander oder frisch gehackte glatte Petersilie
400 g Naturjoghurt
2 EL Honig
Saft von 1 Zitrone

Vorbereitungen vom Fleisch

Das Fleisch rundum einschneiden und die Knoblauchzehen in die Schlitze drücken. Öl, Salz, Pfeffer, Rosmarin, Minze und Koriander verrühren und die Fleischstücke rundum damit bestreichen. Das Fleisch in einen großen, sauberen Plastikbeutel legen. Den Joghurt mit Honig und Zitronensaft vermischen und über das Fleisch gießen. Über Nacht im Kühlschrank ziehen lassen.
Das Fleisch vor dem Garen abtropfen lassen und mit Küchenpapier trocken tupfen. Die Stücke zunächst in Backpapier wickeln, danach mehrfach in Alufolie einrollen und schließlich noch mehrfach in Zeitungspapier wickeln.

Vorbereitungen für den Erdofen

Ein 0,5 m tiefes Loch (gut ist sandiger oder lehmiger Boden) in die Erde graben. Die Ränder des Lochs mit Natur- oder Ziegelsteinen verkleiden. In der Höhle Kohle mit Holz und Papier anzünden und ca. 4 Stunden brennen lassen (im Winter dauert es noch länger). Die glühenden Kohlen gleichmäßig verteilen. Die Kohle darf nicht mehr brennen, sondern nur noch glühen, sonst verbrennt der Braten.

Zubereitung des Räuberbratens

Die eingewickelten Fleischstücke auf die heißen Kohlen legen und sorgfältig mit Erde bedecken. Bei kühlem Wetter könnte über dem Braten noch ein kleines Feuer angezündet werden, um rundum für Hitze zu sorgen.
Der Räuberbraten ist in ca. 4 Stunden gar. Wenn in der Höhle gleichzeitig mehrere Braten zubereitet werden, sollte mit 6 Stunden gerechnet werden.
Ein ganzes Lamm gart über Nacht.
Den Braten aus der Höhle nehmen und in Portionen schneiden.

Lammrolle

Die Lammrolle bleibt beim Garen immer saftig und zart. Die Kräutermischung sorgt für zusätzlichen Geschmack.

500–700 g durchwachsener Lammbraten ohne Knochen
2 EL Öl
100 ml Rotwein
4–5 Knoblauchzehen, zerdrückt
½ Bund Koriander, Blätter abgezupft und gehackt
½ Bund frische Minze, Blätter abgezupft und gehackt
1 EL frisch gehackter Rosmarin
Salz und Pfeffer

Das Fleisch mit dem Fleischklopfer plattieren und mit Öl bestreichen.
Aus Knoblauch und Kräutern eine Mischung zubereiten und diese mit Salz und Pfeffer würzen.
Den Braten mit der Kräutermischung bestreichen und aufrollen. Mit Küchengarn fixieren.
Die Rolle in den vorgewärmten Smoker oder Rundgrill mit Deckel legen. Zwischendurch mit Wein beträufeln. Das Fleisch ist gar, wenn die Innentemperatur 70 °C beträgt.

Rind

Eine Füllung verleiht Rindfleisch Aroma und Saftigkeit. Das Fleisch kann während des Grillens noch mit Wein beträufelt werden, denn eine trockene und verbrannte Fleischoberfläche würde den gesamten Geschmack verderben.

Rindfleischröllchen mit Blauschimmelkäse

500 g Rinderfilet
125 g Blauschimmelkäse
50 g Pinienkerne, trocken geröstet
100 ml Rinderfond oder Rotwein

Das Rindfleisch in 5 mm dicke Scheiben schneiden und mit dem Fleischklopfer plattieren. Den Käse mit den Pinienkernen vermischen. Die Paste auf den Fleischscheiben verteilen, dann die Scheiben aufrollen. Die Röllchen auf zuvor in Wasser eingeweichte Holzspieße stecken und beim Grillen wiederholt mit Rinderfond oder Rotwein beträufeln. Grillen, bis das Fleisch gut gebräunt ist.

Tournedos mit Speck

900–1300 g Rinderfilet
200 g Frühstücksspeck, in dünnen Scheiben
Salz und Pfeffer

Das Filet in etwa 100 g schwere Tournedos schneiden und diese leicht flach drücken. Den Speck um die Fleischstücke wickeln und mit Küchengarn fixieren.
Auf dem heißen Grill von beiden Seiten bräunen. Medium schmeckt das Fleisch am besten. Erst nach dem Grillen mit wenig Salz und Pfeffer würzen.

Rinderfilets in Speck wickeln und mit Küchengarn fixieren – so bleibt das Fleisch in der typischen Tournedoform.

Für einen Kalbsrollbraten das Bratenstück aufschneiden, mit Gewürzmischung bestreichen, zu einem kompakten Rollbraten formen und mit Küchengarn fixieren. Das Kalbfleisch wird am besten im Smoker gegart. Soll der Braten außen knusprig sein, die Fleischoberfläche, bevor das Fleisch ganz gar ist, mit einer Mischung aus weicher Butter, Semmelbröseln, Zucker und grob gemahlenem schwarzem Pfeffer bestreichen.

Kalbsbraten

500 g Kalbsbraten
Salz und Pfeffer
2 EL Öl
200 ml trockener Weißwein
Saft von 1 Zitrone

In einer Schüssel Öl, Wein und Zitronensaft vermischen. Den Kalbsbraten mit Salz und Pfeffer einreiben und in der Weinmischung 2–3 Stunden ziehen lassen. Das Fleisch vor dem Grillen abtropfen lassen und mit Küchenpapier trocken tupfen. Während des Grillens mehrmals mit der Marinade bestreichen. Auf einem Grill mit Deckel 10 Minuten grillen oder bis die Fleischinnentemperatur 55–60 °C beträgt, oder so lange grillen, bis klarer Fleischsaft austritt, wenn man mit einem Spieß ins Fleisch sticht.

Entrecôte in Johannisbeer-marinade

4 Scheiben Entrecôte

Für die Marinade
50 ml Rinderfond
50 ml schwarzes Johannisbeersaftkonzentrat
2 EL dunkle Sojasauce
grob gemahlener schwarzer Pfeffer
Salz

Alle Zutaten für die Marinade verrühren. Das Fleisch 2–3 Stunden darin marinieren. Abtropfen lassen und von beiden Seiten 4–5 Minuten grillen.

Beim Würzen ist Vorsicht geboten, denn das Fleisch soll seinen natürlichen Eigengeschmack beibehalten.

Mariniertes Fleisch gart schneller als nicht mariniertes – wenn der Speck zart ist, ist auch das Filet fertig.

Rinderfilet mit Zucchini und Speck

4 Rinderfiletsteaks
1 Zucchini
8 Scheiben Frühstücksspeck

Für die Marinade
1 Chili, entkernt und gehackt
4 Knoblauchzehen, zerdrückt
1 Zwiebel, gehackt
2 EL frisch gehackte Petersilie oder Koriander
100 ml Rapsöl
1 TL grobes Salz
2 EL Essig

In einer Schüssel alle Zutaten für die Marinade vermischen und die Steaks darin wenden.

Die Zucchini längs in sehr dünne Scheiben schneiden. Die Steaks zunächst in Zucchini- und anschließend in Speckscheiben wickeln, dann alles mit Zahnstochern oder Küchengarn fixieren.

10–12 Minuten grillen, dabei mehrmals mit der übrigen Marinade bestreichen.

Gegrillte Rindersteaks

Das Filet bleibt saftig, wenn es zunächst auf dem sehr heißen Grill und danach bei niedriger Temperatur weitergegart wird. Zum Schluss mit frisch gemahlenem schwarzem Pfeffer würzen.

4 Rinderfiletsteaks

Für die Marinade
4 Knoblauchzehen, zerdrückt
3 EL frisch gehackte Petersilie oder Koriander
1 EL Meersalz
Saft von 1 Orange
frisch gemahlener schwarzer Pfeffer

Alle Zutaten für die Marinade vermischen und die Steaks damit einreiben, dann 2–3 Stunden im Kühlschrank ziehen lassen.
Auf dem heißen Grill 3–4 Minuten von beiden Seiten grillen, dann auf niedriger Temperatur nach Geschmack weitergaren. Danach pfeffern.

Zu gegrilltem Rindfleisch schmeckt auch frisch gebratenes Gemüse aus dem Wok wunderbar.

Kalbsrippchen in Knoblauch-Marinade

Kalbsrippchen haben zartes Fleisch und sollten bei niedriger Temperatur gegrillt werden. So bleibt es saftig und zart.

1 kg Kalbsrippchen

Für die Marinade
100 ml Öl
2 EL gekörnte Gemüsebrühe
2–3 Knoblauchzehen, gehackt

Öl, gekörnte Gemüsebrühe und Knoblauch vermischen. Die Rippchen damit rundum bestreichen und 3–4 Stunden marinieren. Grillen, bis das Fleisch sich leicht vom Knochen löst.

Nachspeisen

Der griechische Käse Halloumi eignet sich hervorragend zum Grillen.

Gegrillter Halloumi

500 g Halloumi

Den Käse auf den Rost legen und grillen, bis der Käse warm und weich wird. Mit frischen Erdbeeren oder erhitzter Orangenmarmelade servieren.

Gegrillter Camembert

Den Käse in einer Alugrillschale auf den Rost legen und erhitzen, bis der Käse sich aufbläht. Der Käse ist servierfertig, wenn er innen weich ist und sich beim Aufschneiden auf den Teller ergießt. Mit Kirschmarmelade oder Preiselbeeren servieren.

Gegrillte Bananen

Die Bananen schmecken noch süßer, wenn sie vor dem Bestreuen mit den gehackten Haselnüssen mit Honig beträufelt werden.

4 Bananen
4 EL Haselnüsse, gehackt

Die Bananen mit Schale der Länge nach durchschneiden.
Die Bananenhälften mit der Schale nach unten grillen, bis das Innere weich wird.
Zum Servieren die Bananen mit gehackten Haselnüssen bestreuen.

Obstpäckchen

Die einfachste Art, Obst auf dem Grill zuzubereiten.

2 Pflaumen
2 Pfirsiche
2 Äpfel
8 frische Minze- oder Melisseblätter, gehackt
4 EL brauner Zucker
4 EL Honig

Das Obst waschen und trocken tupfen. Alles in mundgerechte Stücke schneiden und mit den Minzeblättern vermischen. Aus Alufolie vier 20 x 20 cm große Quadrate schneiden und die Obststücke und Minzeblätter auf die Quadrate verteilen. Das Obst mit Zucker bestreuen und mit Honig beträufeln. Die Päckchen verschließen und 10–12 Minuten grillen.

Stockäpfel

Eine schöne Beschäftigung für Klein und Groß.

4 Äpfel
200 g brauner Zucker

Stabile Zweige mit Alufolie umwickeln und die Äpfel daraufspießen. Über den Grill oder ein offenes Feuer halten, bis sie appetitlich weich geworden sind. Den Zucker in einen tiefen Teller streuen. Die Äpfel vor dem Verzehr durch den Zucker rollen.

Gegrillte Ananas mit Ingwer-Honig-Sirup

Gegrillte Ananas eignet sich sowohl als Nachtisch wie auch als Beilage zu hellem Fleisch.

1 Ananas

Für den Sirup
4 EL Wasser
2 EL Honig
2-cm-Stück frisch geriebene Ingwerwurzel

Die Ananas längs in 8 Spalten schneiden und das holzige Innere entfernen.
Das Wasser mit Honig und Ingwer 3 Minuten kochen, dann die Mischung abkühlen lassen.
Die Ananasstücke auf dem heißen Grill 3–4 Minuten grillen, dabei mehrmals mit Sirup beträufeln.

Gefüllte Birnen

Nach Geschmack kann die Schlagsahne durch Vanillleeis ersetzt werden.

2 Birnen
4 EL Obstmischung aus der Dose
2 EL Rum
4 EL geschlagene Sahne
frische Melisseblätter, nach Belieben

Die Birnen waschen, längs durchschneiden und das Kerngehäuse entfernen. Den Obstsalat mit Rum vermengen. Die Birnen von beiden Seiten je 3 Minuten grillen. Das Innere der Birnen mit dem Rum-Obst-Cocktail füllen und mit Schlagsahne und auf Wunsch mit einem Melisseblatt garnieren.

Winterliches Grillen

Das Grillen ist nicht nur eine Beschäftigung für die warme Jahreszeit. Wer Spaß daran hat, kann unabhängig vom Wetter das ganze Jahr hindurch grillen. Im Winter entsteht beim Grillen eine besondere Atmosphäre und der Genuss von Gegrilltem ist eine wunderbare Abwechslung zu winterlichen Braten und Eintöpfen. Im Winter können gut Würste, Geflügel, Fisch, gefüllte Brote oder in Alufolie eingewickeltes Essen zubereitet werden.

Für das Grillen in der kalten Jahreszeit braucht man
- eine windstille Ecke
- einen Grill mit einem Deckel oder einen Smoker
- mageres Fleisch, denn Fett erstarrt an der kalten Luft zu schnell
- heiße Getränke

Hähnchenfleisch ist bei Figurbewussten sehr beliebt, es schmeckt aber auch überzeugten Fleischfreunden.

Hähnchenschaschlik

800 g Schenkelfleisch, ohne Knochen
250 g Äpfel

Für die Marinade
2–3 Zwiebeln, in dünne Ringe geschnitten
2–3 Knoblauchzehen, zerdrückt
3–4 EL frisch gehackte Frühlingszwiebeln
1 TL Paprikapulver
1 TL Salz
1 TL Zucker
1 TL grob gemahlener schwarzer Pfeffer
100 ml Apfelessig
100 ml Wasser
2 EL Öl

Das Fleisch in mundgerechte Stücke schneiden. Alle Zutaten für die Marinade in einer Schüssel verrühren und das Fleisch darin 3–12 Stunden ziehen lassen.
Das Fleisch aus der Marinade heben und abwechselnd mit Apfelstücken auf Spieße stecken. Die Hähnchenschaschliks 10–15 Minuten grillen.

Lammschaschlik

800 g Lammfleisch, ohne Knochen

Für die Marinade
2–3 Zwiebeln, in feinen Ringen
5–6 Knoblauchzehen, zerdrückt
1 Bund Koriander oder glatte Petersilie, Blätter abgezupft und gehackt
Saft von 2 Zitronen
½ TL Cayennepfeffer
1 EL grob gemahlener schwarzer Pfeffer
1 TL Salz
1 TL Zucker
100 ml Tomatenmark
3 EL Öl

Deutlich sichtbares Fett entfernen, dann das Lamm in 4 cm dicke Stücke schneiden. Alle Zutaten für die Marinade in einer Schüssel verrühren. Die Fleischstücke darin wenden und 3–4 Stunden oder über Nacht im Kühlschrank ziehen lassen. Die Lammstücke abtropfen lassen, auf Spieße stecken und grillen, bis das Fleisch rundum angebräunt ist.

Lammfleischschaschlik ist der König unter den Fleischspießen.

Hackfleisch-spieße auf türkische Art

Dieses Rezept kann in unterschiedlicher Weise zubereitet werden: Aus der gleichen Hackfleischmasse können Sie auch Würstchen oder Frikadellen formen.

1 EL Öl
1 große Zwiebel, gehackt
600 g Lammhackfleisch
1 Ei
4 Knoblauchzehen, gehackt
1 TL gemahlener Rosmarin
1 EL gemahlener Koriander
Salz und Pfeffer

Das Öl in eine Pfanne geben und erhitzen. Die gehackte Zwiebel im Öl andünsten, bis sie glasig wird. Abkühlen lassen.
Das Hackfleisch mit Ei, Zwiebel, Knoblauch und Gewürzen vermischen. Mit Salz und Pfeffer abschmecken. Die Hackfleischmasse in 6–8 Portionen teilen und daraus gut daumendicke Würstchen formen. Diese auf in Wasser eingelegte Holzspieße stecken. Dies gelingt besser, wenn die Hände angefeuchtet sind. Die fertigen Spieße eine Stunde im Kühlschrank ruhen lassen, damit sie ein wenig fester werden.
6–7 Minuten heiß grillen.

Lamm aus dem Lagerfeuer

1 kg Lammfleisch
Saft von 1 Zitrone
2 EL Öl
Salz und Pfeffer
200 g Zwiebel, in Spalten geschnitten
8 Knoblauchzehen, zerdrückt
1 Bund Koriander oder glatte Petersilie, Blätter abgezupft und gehackt
1 Zweig Rosmarin, Blätter abgezupft und gehackt
2 Zweige Minze, Blätter abgezupft und gehackt
200 ml trockener Weißwein

Das Lammfleisch in 100 g große Stücke schneiden. Das Fleisch mit Zitronensaft, Öl, Salz und Pfeffer einreiben. Ein großes Quadrat aus Backpapier und 2–3 größere Quadrate aus Alufolie schneiden. Folie und Backpapier so übereinanderlegen, dass das Backpapier oben liegt. Die Fleischstücke auf das Backpapier legen und mit Zwiebeln, Knoblauch und Kräutern belegen. Die Folienecken nach oben falten, sodass eine Schale entsteht. Den Wein über das Fleisch gießen. Die Alufolie dicht schließend zusammenfalten. Das Fleischpaket mitten ins Feuer legen und mit glühendem Holz oder Kohlen bedecken. 30–40 Minuten garen.

Auf diese einfache Weise können alle Fleischarten im Lagerfeuer zubereitet werden – das Fleisch darf nur nicht vergessen werden …

Schweinespieße in Koriandermarinade

In der säurehaltigen Marinade bleibt das Fleisch saftig und besonders schmackhaft. Bei der Zubereitung des Schweinefilets ist Vorsicht mit Salz geboten – zu viel Salz macht das Fleisch trocken. Ein besonders gutes Ergebnis lässt sich erzielen, wenn die Spieße in einem Smoker zubereitet werden. Auf niedriger Temperatur und im Rauch gegartes Fleisch wird immer saftiger und schmackhafter als Fleisch, das auf hoher Flamme zu schnell gegrillt wird.

800 g Schweinefilet

Für die Marinade
3–4 Zwiebeln, gehackt
4–6 Knoblauchzehen, zerdrückt
1 Bund Koriander, Blätter abgezupft und gehackt
Saft von 2 Zitronen
1 EL grob gemahlener schwarzer Pfeffer
½ TL Cayennepfeffer
50 ml Öl
½ TL Salz

Das Fleisch in 4 cm dicke Stücke schneiden. Alle Zutaten für die Marinade in einer Schüssel verrühren und die Fleischwürfel darin wenden, dann 3–4 Stunden im Kühlschrank marinieren.
Das Schweinefleisch abtropfen lassen, auf Spieße stecken und grillen, bis das Fleisch leicht anbräunt.

Viele Menschen mögen gern gegrillten Fisch, und er ist so einfach zuzubereiten. Fisch – egal ob ganz oder als Filet – gelingt immer, wenn er in Alufolie gewickelt gegart wird. Wenn der Fisch einen Rauchgeschmack haben soll, muss er offen auf dem Rost gegrillt werden. Den Rost vorher säubern und mit Öl bestreichen.

Gegrillte Forelle

4 Regenbogenforellen, küchenfertig ausgenommen
Salz und Pfeffer
4 Stängel Dill
4 kleine Zweige Rosmarin
4 Zitronenscheiben, halbiert
2 EL Öl

Den Fisch abspülen und mit Küchenpapier trocken tupfen. Von innen mit Salz und Pfeffer würzen. Je einen Dill- und einen Rosmarinzweig sowie zwei halbe Zitronenscheiben in die Bauchhöhle legen.
Den Fisch auf Alufolie legen, mit Öl beträufeln, einwickeln und von beiden Seiten 5–6 Minuten grillen.

Über dem Lagerfeuer gegarter Fisch

Um einen Fisch über dem Lagerfeuer zuzubereiten, braucht man nicht viel – lediglich ein ordentliches Feuer, Fisch und etwas Salz.

1 Fisch (kleine Forelle, Lachs oder Zander), küchenfertig ausgenommen
Salz

Die Bauchhöhle des Fischs mit Salz würzen, die Flanken mehrmals einschneiden. Einen langen Holzspieß durch das Maul und dann durch den ganzen Fisch drücken. Den Fisch eventuell zusätzlich mit Küchengarn befestigten. Das freie Ende des Holzspießes neben dem Feuer so in die Erde drücken, dass der Fisch in der Feuerhitze schwebt. Alternativ einen speziellen Fischgrillrost verwenden.

Räucherfisch

Wenn die Flossen sich leicht abzupfen lassen, ist der Fisch gar.

Zum Räuchern eignen sich frische fetthaltige Fische besonders gut, etwa Lachs, Forelle, große Renke, Aal, Strömling oder Barsch.
Den Fisch gleich nach dem Säubern salzen – pro kg Fisch ca. 1 EL Salz

Je nach Größe brauchen Fische 1–4 Stunden, bis sie das Salz annehmen. Kleine und in Stücke geschnittene Fische sowie Fische in mittlerer Größe garen in 15–25 Minuten, größere Fische in 30–50 Minuten im Rauch.

Lachs vom Birkenholzbrett

Bei dieser aus Skandinavien stammenden Zubereitungsart wird der Fisch auf dem Birkenholzbrett neben glühenden Holzscheiten gegart.

1 Lachsfilet mit Haut

Für das Salzwasser
100 ml Wasser
100 g Salz

Den Fisch mit kleinen Holzpflöcken auf dem Birkenholzbrett befestigen. Das Brett so aufstellen, dass die Flamme nicht den Fisch erreicht. Das beste Ergebnis wird bei langsamem Garen, in 30–40 Minuten erzielt. Wenn der Fisch anfängt gar zu werden, befeuchten Sie ihn mit Salzwasser. Benutzen Sie dafür Wacholderzweige.

Hering- oder Lachshäppchen

Bei der Zubereitung der Speisen in Alufolie stets etwas Flüssigkeit oder Fett hinzufügen, so bleibt das Essen saftig.

400 g Fischfilet, in kleinen Stücken
200 g gekochte Kartoffeln, in kleinen Stücken
1 Stange Lauch, in dünnen Ringen
1 Bund Dill, abgezupft
2 rote Zwiebeln, in dünnen Ringen
100 g Butter, zerlassen
Pfeffer und Salz

Alle Zutaten in einer Schüssel vermengen und mit Pfeffer und Salz abschmecken. Portionsweise in Alufolie wickeln und zu Päckchen verschließen. Auf dem Rost 4–5 Minuten grillen.

Wurst ist ideal zum Grillen – sie ist haltbar, fertig gewürzt und oft vakuumverpackt, also lange haltbar. Bei einer guten Grillwurst wird die Haut beim Grillen zart und von innen bleibt die Wurst saftig. Rohwürste können vor dem Grillen kurz gekocht werden, dann sind sie leichter zu grillen. Während des Grillens mit Öl oder Grillsauce bestreichen.

Wurstspieße

Die Würste längs oder zur Schnecke gerollt auf Spieße stecken und grillen.

Tomaten-Lachs-Spieße

Bei der Zubereitung gemischter Spieße sollten Sie darauf achten, dass Gemüse und Fisch die gleiche Garzeit haben.

1 Lachs- oder Pangasiusfilet
200 g Kirschtomaten
Saft von 1 Zitrone
1 EL frisch gehackter Dill
Salz und Pfeffer
Öl

Das Fischfilet mit Haut in mundgerechte Stücke schneiden und diese in Zitronensaft wenden. Mit Dill, Salz und Pfeffer würzen.
Tomaten und Fisch abwechselnd auf den Spieß stecken und mit Öl bestreichen.
Die Spieße bei niedriger Temperatur garen,
dabei noch mehrmals mit Öl bestreichen.

Rehschnitzel

Für Wild muss eine längere Marinierzeit eingeplant werden. Zudem sollte es bei niedriger Temperatur gegart und dabei ständig beträufelt werden.

1 kg zartes Rehfleisch

Für die Marinade
1 Tütchen Jägersoße (Fertigprodukt)
2 TL Speisestärke
100 ml Olivenöl

Für die Marinade die Speisestärke mit dem Öl verrühren. Das Fleisch in Scheiben schneiden. In der Marinade gründlich wenden und mindestens 24 Stunden marinieren.
Bei direkter Hitze 5–7 Minuten grillen.

Würzige Rindfleischröllchen

300 g Rinderfilet
125 g Blauschimmelkäse

Für die Gewürzmischung
Koriander
Cayennepfeffer
Zwiebel, fein gehackt
Knoblauch, zerdrückt
Senfsamen
Zucker, Salz und Pfeffer

Das Fleisch in Scheiben schneiden und klopfen. Den Käse in Stücke schneiden, auf dem Fleisch verteilen und das Ganze zu kleinen Rouladen aufrollen. Drei oder vier Röllchen auf einen Spieß stecken. Alle Zutaten für die Gewürzmischung vermengen und die Rouladen darin wenden. 3–12 Stunden marinieren. Auf dem heißen Grill 4–5 Minuten grillen.

Leber nach Waldräuberart

600 g Rinderleber
Zitronenpfeffer

Die Leber in große Stücke schneiden und diese auf einen Holzspieß stecken. Über offenem Feuer grillen. Während des Grillens den bereits gegarten Teil abschneiden und mit Zitronenpfeffer würzen. Die restliche Leber weitergrillen.

Beim Verzehr der im Feuer auf diese Art gegarten Leber fühlt sich auch der überzeugte Stadtmensch wie ein Naturkind.

Gegrillte Leber

Leber wird üblicherweise in der Pfanne zubereitet, sie kann aber auch gegrillt werden.

600 g Kalbsleber
4 große rote Zwiebeln
100 g fetter Speck, in Stücke geschnitten
Saft von 1 Zitrone
4 Äpfel
Öl
Salz und Pfeffer

Die Zwiebeln in mundgerechte Stücke schneiden. Abwechselnd mit dem Speck auf Spieße stecken. Die Äpfel mit Kerngehäuse in 1 cm dicke Scheiben schneiden und in Zitronensaft wenden.
Zunächst die Zwiebel-Speck-Spieße grillen, denn sie brauchen länger als die Leber und die Äpfel.
Die Leber in Portionen schneiden und mit Öl bestreichen. Von beiden Seiten 3–4 Minuten – je nach Große der Stücke – grillen. Erst nach dem Garen mit Salz und Pfeffer würzen. Die Äpfel zeitgleich mit der Leber auf den Grill legen.

Schaschlik auf baltische Art

Dies ist ein bewährtes Schaschlikrezept aus der estnischen Küche. Das magere Fleisch soll während des Marinierens nicht gesalzen werden, weil es sonst trocken wird. Durchwachsenes und fetteres Fleisch darf hingegen gesalzen werden.

800 g Schweinenackenfleisch
2–3 Zwiebeln, gehackt
2 Knoblauchzehen, zerdrückt
2 EL frisch gehackte Petersilie
1–2 Lorbeerblätter
100 ml Wein- oder Apfelessig
100 ml Wasser
50 ml Öl
grob gemahlener schwarzer Pfeffer
Salz

Das Fleisch in 4 cm dicke Stücke schneiden und in ein säurebeständiges Gefäß legen. Zwiebeln, Knoblauch, Petersilie und Lorbeer zufügen. Alles gut vermengen und anschließend mit Essig und Wasser übergießen. 3–4 Stunden im Kühlschrank marinieren. Vor dem Grillen abtropfen lassen und auf Spieße stecken. Mit Öl bestreichen, mit Pfeffer und Salz würzen und grillen, bis das Fleisch rundum leicht braun ist.

Gegrillte Frikadellen

Die Frikadellen können gut mit Blauschimmel-, Weißschimmel- oder mit geriebenem Käse gefüllt werden. Schmackhaft sind auch Sardellen, Wachteleier, marinierte Zwiebeln oder Knoblauch als Füllungen.

500 g Hackfleisch, halb und halb
2 große Zwiebeln, fein gehackt
100 g saure Sahne
2 Eier
1 EL Senf
Salz und Pfeffer
Cayennepfeffer, nach Belieben

Die Zwiebeln in einer Pfanne mit 1 Esslöffel Öl oder Butter erhitzen bis sie glasig werden, dann in eine Schüssel füllen. Hackfleisch, saure Sahne, Eier und Senf zufügen, dann alles gut vermengen. Mit Salz und Pfeffer abschmecken. Vorsicht! Beim Würzen die Füllung berücksichtigen. Falls Sie eine Käsefüllung wählen, ist diese schon recht salzig. Aus dem Hackfleisch gleich große Kugeln formen, diese füllen und flach drücken. Beim Formen der Hackfleischbällchen die Hände mit kaltem Wasser anfeuchten.
Die Frikadellen von beiden Seiten je nach Größe 4–8 Minuten grillen.

Gegrillte Tortillas

1 Packung verzehrfertige Tortillas
200 g Mozzarella, in dünne Scheiben geschnitten
1 Bund Basilikum, Blätter abgezupft und gehackt
100 g Ajvar (Paprika-Auberginen-Mus)

Die Tortillas mit Ajvar bestreichen. Die Hälfte der Tortillas mit Mozzarellascheiben belegen und mit Basilikum bestreuen. Die übrigen Tortillas darauflegen. Von beiden Seiten grillen. Die Tortillias in Stücke schneiden oder brechen und heiß servieren.

Brötchen vom Grill

4 Brötchen
4 EL Olivenöl
200 g Mozzarella
3 EL frisch gehacktes Basilikum
grob gemahlener schwarzer Pfeffer

Die Brötchen aufschneiden und mit Olivenöl bestreichen. Den Mozzarella in Scheiben schneiden und mit Basilikum auf die unteren Brötchenhälften verteilen. Mit Pfeffer würzen. Die obere Hälfte daraufsetzen und offen oder in Alufolie gewickelt grillen, bis der Käse anfängt zu zerlaufen.

Anstatt Brötchen eignet sich auch Fladenbrot sehr gut.

Heißgeräuchertes Kaninchen

Drei Möglichkeiten der Zubereitung

1. Ein küchenfertig ausgenommenes Kaninchen salzen und zusätzlich über Nacht in eine Salzlösung legen. Abspülen, trocken tupfen und im Smoker oder in einem Rundgrill mit Deckel garen.

Für die Salzlösung
1 l Wasser
100 g Salz
10 g Zucker
1–2 Knoblauchzehen, gehackt

2. Den Kaninchenrumpf abspülen und trocken tupfen. Mit Salz, Pfeffer und Paprikapulver einreiben und auf den Rost des vorgeheizten Grills legen.

3. Den Kaninchenrumpf abspülen und trocken tupfen. Mit Pfeffer, Salz und Zitronensaft einreiben. Das Fleisch in einer Schüssel mit Rotwein übergießen. Zwiebelscheiben und gehackte Petersilie hinzufügen und über Nacht marinieren.

Die Garzeit im Grill bei 200 °C beträgt ungefähr eine Stunde.

BBQ-Kaninchen

Als Beilage für ein im Smoker zubereitetes mageres Kaninchen eignet sich gut ein frischer Salat oder gegrilltes Gemüse.

1 Kaninchen
2 EL Butter, zerlassen
Saft von 1 Zitrone
½ TL Pfeffer
1 TL Salz

Die zerlassene Butter mit Zitronensaft und Gewürzen vermischen und das Kaninchen damit bestreichen. Im Smoker oder Rundgrill mit Deckel bei 100 °C garen. Alle 20 Minuten mit der Gewürzmischung bestreichen.
Das Kaninchen ist fertig, wenn die Innentemperatur 70 °C beträgt.

Register